Albert Rühl

Zur Reform der Armengesetzgebung

Albert Rühl

Zur Reform der Armengesetzgebung

ISBN/EAN: 9783743326323

Hergestellt in Europa, USA, Kanada, Australien, Japan

Cover: Foto ©ninafisch / pixelio.de

Manufactured and distributed by brebook publishing software (www.brebook.com)

Albert Rühl

Zur Reform der Armengesetzgebung

Zur

Reform der Armengesetzgebung.

Inaugural-Dissertation,

der hohen philosophischen Facultät

der Universität Jena

zur

Erlangung der philosophischen Doctorwürde

vorgelegt

von

Albert Rühl.

Zwönitz,
C. Bernhard Ott'sche Buchdruckerei.

Google

Inhalt.

I. Geschichtliches . . . . Seite 5.
II. Kritik des Reichsgesetzes über den Unterstützungswohnsitz . „ 11.
III. Kritik gemachter Reformvorschläge . . . . „ 20.
IV. Reformvorschläge . . . . „ 35.

Google

I.
Geschichtliches.

Die erste staatliche Ordnung des Armenwesens findet sich in der Reichs=
polizeiordnung vom Jahre 1530, welche ausdrücklich festsetzt, daß jede Stadt
und Commune ihre Armen selbst zu erhalten und zu ernähren habe. In dieser
obengenannten Reichsordnung wird zum erstenmale ausgesprochen, daß die
politische, nicht die Kirchengemeinde für die Armen in letzter Linie einzutreten habe.

Diese Bestimmungen der Reichspolizeiordnung führten zu einer Prüfung
der Gemeindeangehörigkeit und zu jenen Gesetzen, welche den Erwerb der
Gemeindeangehörigkeit erschwerten oder ganz unmöglich machten. Die Freizügig=
keit des Mittelalters schwand dahin aus Furcht, daß die Gemeinden durch die
Niederlassungsfreiheit große Armenlasten zu tragen haben würden. Die Ge=
meinden schlossen sich immer mehr ab, indem sie den Erwerb der Gemeinde=
angehörigkeit von ihrer Genehmigung abhängig machten. Die eigenen Ange=
hörigen mußten den Consens zur Eheschließung nachsuchen, der nur ertheilt
wurde, wenn die Gefahr, daß der Nachsuchende die zu gründende Familie nicht
ernähren konnte, ausgeschlossen war.

So wurde die Abgeschlossenheit der Gemeinden durch Beschränkungen der
Niederlassungs= und Verehelichungsfreiheit herbeigeführt und zugleich auf eine,
auf den Ort angewiesene Productionsweise hingearbeitet. Indeß brachte diese,
auf die Abgeschlossenheit der Gemeinden abzielende, Regelung der Gemeinde=
angehörigkeit als unangenehme Beigabe ein Heer Heimathloser mit, das, von
Ort zu Ort ziehend, ein kümmerliches Dasein fristete.

Die Beschränkung der Ehefreiheit war der Regulator für die Zahl der
ehelichen Geburten. Wurden jene verschärft, so steigerten sich diese und
umgekehrt.

Mangels gesetzlicher Vorschriften wurden die Verhältnisse immer unerquick=
licher. Statt Almosen zu geben, stellten die Gemeinden Bettelbriefe aus, welche
die von einzelnen Behörden angeordneten Bestrafungen der Bettler wirkungslos
machten. Solche Verhältnisse verlangten gebieterisch eine Reorganisation des
Armenwesens, die am Beginn des 18. Jahrhunderts von verschiedenen Staaten
in Angriff genommen wurde.

In Preußen regelten die Armen= und Bettlerordnung vom 18. März 1701
und vom 19. September 1708 und das Edict vom 10. Februar 1875 die
Verpflichtungen der Gemeinden zur Armenpflege und die Art derselben.

Die erstere verordnet und befiehlt gnädigst und ernstlichst, daß die
Magistrate zu rechter Zeit Anstalt zur Verpflegung ihrer Armen machen sollen

und daß jeder Ort 3 Inspectoren, einer von dem Predigt=Amt, einer von dem Magistrate und ein gewissenhafter Verordneter oder Bürger zu solchem Behuf bestellet werden. Die letzteren: Die Armen= und Bettlerordnung vom 19. September 1708 und das Edict vom 10. Februar 1715 bestimmten, „daß die Bettler der Gerichts=Obrigkeit anzugeben, die ihn examiniren und an den Ort seiner ehemaligen Wohnung bringen soll, ausgenommen, daß er das Bürgerrecht gewonnen oder in Innung genommen, oder 10 Jahre an einem Ort gewohnet hat." Dörfer und Städte sollen ihre Armen, Kranken und Waisen nothdürftig versorgen bei 5 bis 10 Thaler Strafe.

Hier tritt, es ist dies für die weitere Entwickelung der preußischen Armengesetzgebung symptomatisch, das erste Mal die Bestimmung auf, welche die Gewährung von Armenunterstützung an die Dauer des Aufenthaltes, wenn auch einer sehr langen, knüpft.

Auf Grundlage der vorgenannten Ordnungen sucht das Edict vom 24. April 1748 [1]) eine Regelung des Armenwesens zu schaffen. Es bestimmte in der Hauptsache, daß jeder Ort für seine Armen sorgen soll, damit sie vom Betteln abgehalten werden. Zur Erreichung dieses Zieles soll sich in jeglicher Stadt, Flecken und Dorf die Obrigkeit des Ortes mit dem Prediger zur Errichtung von Armencassen zusammenthun. Das Betteln wird streng verboten, ebenso die Ausstellung von „Vorschriften oder Zeugnissen zum Betteln." Ferner sollen in den Städten Bettelvögte und in jedem Kreise „ein Armenwächter mit einem proportionirlichen Tractament angestellt werden".

Insbesondere stellte aber das Allgemeine Landrecht vom Jahre 1794 II. Theil 19. Titel über die Armenpflege Bestimmungen fest, nach denen der Staat die Fürsorge der Armen zu übernehmen habe. Ja, es bestimmte sogar im § 2, daß Allen denen, die sich zu erhalten nicht im Stande sind, ihren Fähigkeiten entsprechende Arbeiten gegeben werden sollen. Eine Satzung, die vom Fürsten Bismark gelegentlich einer Parlamentsrede citirt, die Frage des „Rechtes auf Arbeit" erneut in die Erörterungen der Parteien zog und Veranlassung zu jener Fluth von Broschüren wurde, die sich im bejahenden oder verneinenden Sinne mit der Frage des Rechtes auf Arbeit beschäftigten.

Schon das Allgemeine Landrecht unterschied 2 Kategorien von Armen. Die eine gehörte dem Wirkungskreis der Gemeinden, die andere dem des Staates an. Alle diejenigen, welche nach § 11 des Allgemeinen Landrechtes von den Gemeinden als Mitglieder aufgenommen worden waren, auch nach § 12 zu den Gemeindebedürfnissen beigesteuert hatten, galten im Verarmungsfalle als Gemeindearme, sofern ihre Versorgung nicht Corporationen oder Privatpersonen oblag. Die übrigen Armen fielen dem Staate zur Last, der sie in öffentlichen Landarmenhäusern unterbringen sollte.

Diese generellen Bestimmungen des Allgemeinen Landrechts führten in Preußen nach Löning [2]) zu einer specielleren Ordnung des Armenwesens auf dem Verordnungswege. Es wurde zur Organisation communaler und provinzieller Armenverbände geschritten und auch über die Ausübung der Armenpflege Anweisung gegeben. Die provinziellen Landarmenverbände, aus einer Mehrzahl

---

[1]) Rabe, Sammlung Preußischer Gesetze und Verordnungen 1. Bd. 2. Abth. S. 220. Erneuertes Edict wie die wirklichen Armen versorget und verpfleget, die muthwilligen Bettler bestrafet und zur Arbeit angehalten, auch überhaupt keine Bettler geduldet werden sollen. De Dato Berlin, den 28. April 1848.

[2]) Löning, Geschichte der Armengesetzgebung in Schönberg's Handbuch der Politischen Oeconomie Seite 866.

communaler Verbände zusammengesetzt, sollten subsidiär für diejenigen Gemeinden eintreten, die nicht im Stande waren, aus eigenen Mitteln die Armenpflege zu üben, und ferner Corrections-Arbeits- und Krankenhäuser errichten. Das erste Glied, welches für die Verarmten einzutreten hatte, war diejenige Corporation, (Innung, Zunft, Gilde) welcher der Bedürftige angehörte oder die Gutsherrschaft, der diejenigen Armen zur Last fielen, die der Wirthschaft angehörten; ein Ausfluß der Erbunterthänigkeit. Die Ortsarmen fielen den Gemeinden zur Last. Dreijähriger Aufenthalt in der Gemeinde verpflichtete die Gemeinde zur Unterstützung, welche arbeitsfähige Personen nicht ausweisen durften. Durch Abwesenheit von gleicher Zeitdauer verjährte der Anspruch auf Armenunterstützung. Diejenigen Armen, welche mangels dreijährigen Aufenthaltes sich einen Wohnsitz und dadurch einen Anspruch auf Unterstützung im Bedürftigkeitsfalle nicht erworben hatten, wurden aus besonderen Fonds unterstützt.

Nach der Städteordnung vom Jahre 1808 hatte der Magistrat resp. eine ihm subordinirte Deputation das Armenwesen zu leiten. Armensteuern durften nicht ausgeschrieben werden, vielmehr wird bestimmt, daß die Armenlasten aus der Gemeindekasse zu bestreiten seien, so weit sie nicht aus anderen Einnahmen (thesaurirten Capitalien, Stiftungen, Vermächtnissen u. s. w.) gedeckt werden konnten.

Indeß waren alle diese Bestimmungen keine einheitlichen. Diese Erkenntniß führte zu den beiden Gesetzen vom 31. Dezember 1842 über die Aufnahme neu anziehender Personen und über die Verpflichtung zur Armenpflege, die sich die bisherigen Bestimmungen zur Grundlage dienen ließen.

Das Gesetz von 1842 bestimmte im wesentlichen, daß die Fürsorge des Armen, wenn kein Anderer dazu verpflichtet und vermögend ist, derjenigen Gemeinde zufällt, in welcher derselbe

1., als Mitglied ausdrücklich aufgenommen worden ist oder

2., entsprechend der Bestimmung des § 8 [1]) des Gesetzes über die Aufnahme neu anziehender Personen seinen Wohnsitz genommen hat oder

3., nach erlangter Großjährigkeit während der letzten drei Jahre von dem Zeitpunkte an, wo seine Hülfsbedürftigkeit hervortritt, seinen gewöhnlichen Aufenthalt gehabt hat.

Die Fürsorgepflicht der Gemeinden erlischt, wenn die Verarmten nach erfolgter Großjährigkeit seit 3 Jahren von der Gemeinde abwesend sind. Für den Fall, daß keinem örtlichen Armenverband die Fürsorge für die Verarmten obliegt, ist die Fürsorge eine Provinziallast, welche nach § 9 vom Landarmenverband getragen werden muß.

Durch den § 3 der Städteordnung vom 30. Mai 1853 und die §§ 3 der Städteordnung vom 19. März 1856 für die Provinz Westfalen und vom 15. Mai 1856 für die Rheinprovinz ist die unter 1 erwähnte Bestimmung des Gesetzes von 1842 gänzlich hinfällig geworden, weil nach diesen Städteordnungen die Aufnahme in den Gemeindeverband ohne vorhergehenden Aufnahmeact seitens der Gemeinde erfolgt.

Die Unterstützungspflicht der Gemeinden knüpft sich demnach einerseits an den bloßen Erwerb eines Wohnsitzes und hatte mit dem Tage des polizeilich

---

[1]) Der § 3 lautet: Wer an einem Orte seinen Aufenthalt nehmen will, muß sich bei der Polizei-Obrigkeit dieses Ortes melden und über seine persönlichen Verhältnisse mit Rücksicht auf die Vorschriften der §§ 1—6 die erforderliche Auskunft geben. Ueber die erfolgte Meldung ist eine Bescheinigung zu ertheilen.

gemeldeten Wohnsitzes zu beginnen und andererseits an eine dreijährige Dauer des Aufenthaltes. Das Gesetz machte also den unglücklichen Unterschied zwischen Wohnsitz und Aufenthalt, der Veranlassung zu einer großen Zahl gerichtlicher Entscheidungen wurde, die auch für den Richter nicht einfach lagen, weil er sich zunächst darüber Gewißheit verschaffen mußte, ob der Betreffende in der Gemeinde seinen Wohnsitz oder nur seinen Aufenthalt genommen habe.

Die den Gemeinden gegenüber sehr harte Bestimmung, daß mit dem Tage der Ergreifung des Wohnsitzes auch zugleich die Unterstützungspflicht der Gemeinden beginnt, erfuhr durch das Gesetz zur Ergänzung der Gesetze vom 31. Dezember 1842 über die Verpflichtung zur Armenpflege und die Aufnahme neu anziehender Personen vom 21. Mai 1855 insofern eine Milderung, als nach § 1 die Verpflichtung des Ortsarmenverbandes zur Fürsorge für einen Armen nicht mehr sogleich mit der Erwerbung des Wohnsitzes, sondern erst dann, wenn der Neuanziehende den erworbenen Wohnsitz ein Jahr lang fortgesetzt hat, eintritt. Eine wichtige Neuerung traf der § 5 des eben genannten Gesetzes dadurch, daß, wenn Personen, die als Dienstboten, Gewerbegehülsen, Gesellen und Lehrlinge in einem Dienstverhältniß stehen, an dem Orte, wo sie sich im Dienst befinden, erkranken, vom Ortsarmenverband dieses Ortes drei Monate verpflegt werden müssen.

So hatte Preußen mit seiner Gesetzgebung über Freizügigkeit und Armenwesen der Abgeschlossenheit der Gemeinden ein Ende bereitet. Das Gemeindegenossenschaftsrecht, von Preußen ausgeschieden, wurde hingegen besonders von den süddeutschen Staaten mit großer Zähigkeit festgehalten. Heute noch bietet Bayern, dem die Regelung seines Armenwesens selbstständig zusteht, einen Beweis dafür, denn es hat trotz des Reichsgesetzes über die Freizügigkeit sein Armenwesen nach genossenschaftlichen Grundsätzen geregelt. Auch die Armengesetzgebungen der übrigen Staaten Deutschlands bauten ihr Armenwesen auf das gemeindliche Genossenschaftswesen auf. Das Heimathrecht begründete den Anspruch auf Unterstützung im Verarmungsfalle. So viel Staaten es gab, soviel Armengesetzgebungen waren vorhanden, die, trotzdem sie auf einer gemeinsamen Unterlage beruhten, verschieden gestaltet waren.

Diese gemeinsame Unterlage war, wie bereits erwähnt, das Heimathrecht, das den Heimathsberechtigten einen Anspruch auf Armenunterstützung verlieh und der Heimathbehörde eine Verpflichtung zur Armenunterstützung auferlegte. Die Bestimmungen über den Erwerb und Verlust des Heimathrechtes waren ebenso mannigfaltig wie die Bestimmungen über die Art und das Maaß der zu gewährenden Unterstützung. Und zu dieser mosaikartigen Gestaltung des Armenwesens der deutschen Bundesstaaten kam noch hinzu, daß sie nur für diejenigen galten, die in dem betreffenden Bundesstaat das Indigenat besaßen. Trotzdem nach der Verfassung des dermaligen deutschen Bundes jedem Deutschen das Recht zustand, in jedem Bundesstaat seinen Wohnsitz zu nehmen, galt er im Verarmungsfalle, falls er in dem betreffenden Bundesstaat das Indigenat nicht erworben oder erhalten hatte, als Ausländer und wurde demgemäß als solcher behandelt. Abmachungen zwischen den einzelnen Staaten, insbesondere die Gothaer Convention vom 25. Juli 1851 regelten die Art der Behandlung dieser verarmten „Ausländer".

Nach dem § 1 derselben verpflichteten sich die Staaten, diejenigen Individuen, welche noch fortdauernd ihre Angehörigen sind und ihre vormaligen Angehörigen waren, auch wenn sie die Unterthanenschaft nach der inländischen Gesetzgebung bereits verloren haben, so lange als sie nicht dem anderen Staate nach dessen

eigener Gesetzgebung angehörig geworden sind, auf Verlangen des anderen
Staates wieder zu übernehmen. Besitzt der Auszuweisende nicht das Indigenat
eines Bundesstaates, so soll nach § 2 alinea a, b und c zur Aufnahme des
Auszuweisenden zunächst derjenige Staat verpflichtet sein, in dem er sich 5 Jahre
nach seinem 21. Jahre aufgehalten oder sich verheirathet und mindestens 6 Wochen
mit der Ehefrau gemeinschaftlich gewohnt hat oder endlich derjenige Staat, in
dem er geboren ist. Die Kosten dieses s. Z. in hoher Blüthe stehenden Schub=
verfahrens hatte nach § 11 der genannten Convention innerhalb seines Gebietes
der ausweisende Staat zu tragen. Mußte der Transport durch dritte Staaten
erfolgen, so hatten diese die durch den Armentransitverkehr entstehenden Kosten
zu tragen.

Eine Ergänzung der Bestimmungen in der Gothaer Convention nach der
humanen Seite hin enthält die zwei Jahre später am 11. Juli 1853 vereinbarte
Eisenacher Convention, nach deren §§ 1 und 2 erkrankte, nicht staatsangehörige
Arme wie eigene Staatsunterthanen bis zu dem Zeitpunkte verpflegt werden
sollen, wo ihr Rücktransport ohne Nachtheil für ihre Gesundheit möglich ist.
Die durch Verpflegung oder Beerdigung entstehenden Kosten werden nicht vergütet.

So spiegelte sich schon in den Armengesetzgebungen der dem deutschen
Bund zugehörigen Einzelstaaten die Zerrissenheit und Zerfahrenheit der ganzen
Bundesorganisation wieder. Sie zeigten recht deutlich wie das Interesse der
Einzelstaaten dem nationalen voranging. Es war daher eine Leistung von
eminent nationaler Bedeutung, daß endlich die Verfassung des Norddeutschen
Bundes ein allgemeines Bundesindigenat festsetzte und die Regelung der Frei=
zügigkeit und Armengesetzgebung den Einzelstaaten entzog und für sich selbst
in Anspruch nahm.

Das Gesetz über die Freizügigkeit vom 1. November 1867 bestimmte in
seinem § 1, daß jeder Deutsche das Recht hat, sich innerhalb des deutschen
Reiches an jedem Orte aufzuhalten, wo er sich eine Wohnung oder ein Unter=
kommen zu verschaffen im Stande ist. So hatte dieses Gesetz in seinem § 1
der Willkür der Einzelstaaten wie der Gemeinden einen starken Riegel vor=
geschoben. Fortan stand es nicht mehr in ihrem Belieben, Angehörige irgend
eines Bundesstaates als Ausländer zu behandeln resp. auszuweisen. Zwar
bestanden noch die territorialen Armengesetzgebungen mit ihren mosaikartigen
Gestaltungen, aber auch ihre Gültigkeit war nicht mehr von langer Dauer.
Das Gesetz über den Unterstützungswohnsitz vom 6. Juni 1870 bereitete ihnen
ihr Grab.

Mag dieses Gesetz, das im wesentlichen dem preußischen von 1842
entspricht, auch mangel= und fehlerhaft sein, so steht doch fest, daß es ein ächt
nationales Gepräge trägt, und allein um deswillen sollten wir nicht allzu scharf
mit ihm in's Gericht gehen. Seine Schöpfung war keine leichte.

Der erste vom Bundesrath ausgearbeitete Gesetzentwurf, der die Regelung
des Armenwesens beabsichtigte, machte, den Einflüssen des Bundesstaaten Rechnung
tragend, noch einen Unterschied zwischen solchen Deutschen, welche in ihrem
Heimathlande unterstützungsbedürftig werden und zwischen solchen, die außerhalb
ihres Heimathlandes in Verarmung gerathen. So hatte der Entwurf den
Ausländer erhalten. Mit ihm im Heimathlande Verarmten sollte sich die Landes=
gesetzgebung befassen. Das Reich sollte nach dem Entwurf das Armenrecht
nur insoweit regeln, als außerhalb ihres engeren Heimathlandes Verarmte in
Betracht kommen. Einer solchen Ordnung des Armenwesens wollte der Reichs=
tag aber nicht zustimmen. Auch das Königreich Preußen war ihr nicht hold,

denn der erste von Preußen ausgearbeitete Entwurf, der sich mit der Regelung dieser Materie beschäftigte, faßte das Bundesgebiet als ein Staatsgebiet auf und wollte das Armenwesen danach regeln. Dem widerstrebten aber die Bundesstaaten und damit war das Schicksal des Entwurfs entschieden.

Wie gesagt, der Reichstag hatte keine Sympathie mit jener dualistischen Regelung des Armenwesens, wie sie der Entwurf des Bundesrathes festsetzte. Der „nationale Gedanke" überwog und ging selbst über die berechtigsten Bedenken und Einwände hinweg. Der Entwurf des Bundesrathes wurde einer Commission überwiesen, die einen neuen Gesetzentwurf ausarbeitete, der zum Gesetz über den Unterstützungswohnsitz vom 6. Juni 1870 führte. Das Gesetz stellte zwar noch Vieles in das Belieben der Einzelstaaten, aber es hatte mit einem Schlage die Particulargesetzgebungen beseitigt. Der Bundesrath stimmte den Beschlüssen des Reichstages zu und so hatten wir wenigstens ein nationales Armenrecht. Das war zweifellos eine Errungenschaft von symptomatischer Bedeutung die von höherem Werthe war als die Conservirung der bewährtesten Regelungen des Armenrechts in den Formen einzelstaatlicher Gesetzgebungen. Die Armengesetzgebung kam aus einem Guß. Darin lag das ungeschmälerte Verdienst des Reichstags. Daß diesem Guß manches Vortreffliche zum Opfer gebracht wurde, ist unbestreitbar.

Die wesentlichsten Bestimmungen dieses Gesetzes sind die folgenden: Jeder Deutsche ist in Bezug auf Armenunterstützung als Inländer zu betrachten. Die Unterstützung Hülfsbedürftiger erfolgt durch Orts- und Landarmenverbände. Definitiv ist die Armenlast von dem Armenverband zu tragen, in dem der Unterstützte sich durch zweijährigen Aufenthalt den Unterstützungswohnsitz erworben hat, der durch zweijährige Abwesenheit vom Orte wieder verloren geht, während den Landarmenverbänden diejenigen Armenlasten zufallen, welche endgültig zu tragen kein Armenverband verpflichtet ist. — Am 1. Januar 1873 trat das Gesetz über den Unterstützungswohnsitz vom 6. Juni 1870 auch für Württemberg und Baden in Kraft. So hatte das Deutsche Reich mit Ausnahme von Bayern, zu dessen Sonderrechten auch die selbstständige Regelung des Armenrechtes gehörte und vom Reichsland Elsaß-Lothringen, auf welches das Reichsgesetz über den Unterstützungswohnsitz nicht erstreckt wurde, eine Armengesetzgebung, deren Handhabung landesgesetzlichen Ausführungsbestimmungen oblag, erhalten.

Das Königreich Bayern hat sein Armenwesen auf der Grundlage des Heimathrechtes nach dem Gesetz vom 29. April 1869 geordnet. Danach ist Bedingung der Unterstützungspflicht die Heimathberechtigung, die nur von solchen Personen erworben werden kann, welche in Bayern staatsangehörig sind.

Der Unterschied zwischen der Reichs- und der Bayerischen Armengesetzgebung besteht demnach darin, daß in Bayern jeder Staatsangehörige — von Ausnahmefällen abgesehen — in einer Gemeinde heimathsberechtigt ist. Dieses Recht kann nicht verloren gehen, ohne daß ein gleichwerthiges in einer anderen Gemeinde erworben worden ist. Der Besitz des Heimathsrechtes verpflichtet die Gemeinden im Verarmungsfalle zur Unterstützung, während nach der Reichsgesetzgebung der Erwerb des Unterstützungswohnsitzes und die daraus resultirende Unterstützungspflicht der Gemeinden an eine bestimmte Dauer des Aufenthaltes geknüpft wird. Diejenigen, welche dieser Dauer des Aufenthaltes in einer Gemeinde nicht entsprechen sind unterstützungswohnsitzlos und fallen im Verarmungsfalle nicht einer Gemeinde, sondern einem größeren Armenverband zur Last.

II.
Kritik des Reichsgesetzes über den Unterstützungswohnsitz.

In Deutschland stehen sich also zur Zeit — Elsaß-Lothringen ausgenommen, dessen Armenpflege nach französischem Recht geregelt ist — zwei Systeme von Armengesetzgebungen gegenüber.

Das eine, für das Reich — Bayern ausgeschlossen — gültige, huldigt dem Princip des Unterstützungswohnsitzes; das andere, für Bayern zu Recht bestehende, hat als Fundament seines Aufbaues das alte Princip der Heimath festgehalten.

Jedes der beiden genannten Systeme hat seine Vorzüge und seine Nachtheile, welche aber nicht in dem Sinne vergleichend betrachtet und abgewogen werden können, um daraus zu dem Schlusse der Vorzüglichkeit und des Uebergewichts des einen Systems über das andere zu gelangen.

Im Allgemeinen läßt sich die Frage, welchem dieser beiden Systeme der Vorrang einzuräumen sei deswegen nicht beantworten, weil nicht behauptet werden kann, daß sich das eine der beiden Systeme dem anderen gegenüber durch besondere Vorzüge charakterisire. Als Rivalen stehen sich diese beiden Gesetzgebungssysteme nicht gegenüber, denn jedes ist das Kind einer besonderen Zeit, der Ausfluß einer bestimmten Regelung des wirthschaftlichen Erwerbslebens.

Unerläßlich für die Beantwortung der Frage, ob eines und welches der beiden Armengesetzgebungssysteme für ein Staatswesen sich eignet, ist daher die Kenntniß derjenigen herrschenden Gesetzgebung, welche mit dem Armenwesen in inniger Berührung und Wechselwirkung steht, — denn nur in Anpassung an dieselbe kann das Armenunterstützungswesen einer sachgemäßen Regelung entgegengeführt werden.

Das auf Gemeindeangehörigkeit fußende Heimathrecht tritt uns als das nothwendige Correlat einer Gesetzgebung entgegen, welche der Freizügigkeit, der Verehelichungsfreiheit und dem Gewerbebetrieb Schranken entgegensetzte und die das Niederlassen und Heirathen in letzter Linie von der Zustimmung der Gemeinde abhängig machte.

So lange den Gemeinden eine directe Einwirkung auf Versagung und Gewährung des Heimathrechtes, das die Pflicht der Gemeinden zur Armenunterstützung bedingt, zustand, war das Heimathgesetzgebungssystem begründet und gerechtfertigt.

Jener Zeit, deren Signatur in der Beschränkung bestand, welche das Individuum in seiner freien Bewegung erlitt, entsprach die Gesetzgebung des Heimathrechtes.

Dagegen paßt die letztere nicht mehr recht in eine Zeit, in der sich in Folge der Entwickelung der Verkehrsmittel ein großer Theil der Bevölkerung in ständiger Bewegung befindet. Mit der Aufhebung jener, die freie Bewegung der Einzelnen hemmenden Gesetze mußte folgerichtig auch das Heimathrecht geopfert werden.

In der Reihe derjenigen Gesetze, welche eine ausgedehnte persönliche und wirthschaftliche Beweglichkeit dem Einzelnen zugestanden, konnte es in seiner unmodern gewordenen Tracht nicht mehr erscheinen. Es fiel, nicht als etwas Verwerfliches, sondern als etwas Gealtertes, das aus der Neuzeit, deren Erwerbsleben auf veränderten Grundlagen beruhte, auszuscheiden hatte.

Das Heimathrecht hat sich Jahrhunderte hindurch bewährt und den Ruhm verdient, welchen es während eines langen Zeitraums genoß, allein an unsere raschlebige, bewegliche Zeit vermag es sich nicht recht anzuschmiegen.

Nachdem die Gemeinde durch die neuzeitliche Gesetzgebung den Charakter der erweiterten Familie verloren hatte und ihre Berechtigung als abgeschlossenes Einzelglied nach modernen Begriffen immer mehr schwand, konnte von Beibehaltung des reinen Heimathrechtes keine Rede mehr sein.

Daß angesichts der Freizügigkeit, Gewerbefreiheit und der Verehelichungsfreiheit einer Armengesetzgebung nicht das Heimathrecht zu Grunde gelegt werden darf, dürfte wohl als erwiesen zu betrachten sein.

Selbst Waentig,[1]) welcher die Vorzüge der Heimathgesetzgebung im grellen Gegensatz zum Unterstützungswohnsitz hervorhebt, trägt Bedenken, zu den Grundsätzen der Heimathgesetzgebung zurückzukehren.

Das sind die Gründe, welche mit Recht dazu führten, daß, wie im vorigen Theile erörtert worden ist, als Grundlage der Armenversorgung nicht das Heimathrecht angenommen worden ist. Damit soll aber durchaus nicht gesagt sein, daß das geltende Reichsgesetz über den Unterstützungswohnsitz das nothwendige Correlat der Freizügigkeit ist und daß es tadellos sei. Wir wollen uns jetzt der Kritik desselben zuwenden.

a. Das Unterstützungswohnsitzgesetz nahm sich im wesentlichen die preußische Armengesetzgebung von 1842 zum Muster, und schon allein dadurch, daß es die in ganz Deutschland außer Preußen unbekannte Personenklasse der Landarmen bildete, die nirgends ortsangehörig zu sein brauchten, schuf es eine Kluft, deren mächtige Breite eine Annäherung beider Armengesetzgebungs-Systeme verhinderte und die mit vollem Recht Viele auf dem Boden der Heimathgesetzgebung Stehende abhielt, den Sprung zur Reichsunterstützungswohnsitzgesetzgebung zu wagen.

Hätte sich das Reich damit begnügt, das auf historischen Unterlagen beruhende Unterstützungswohnsitzsystem, das gewissermaßen eine Reformirung des Heimathsystems ist und Landarme nicht kennt, einzuführen, — auf welches wir im dritten Theile unserer Arbeit zurückkommen — nicht das bisher in Preußen geltende, dann genöße wahrscheinlich die Heimathgesetzgebung in Süddeutschland keinen prävalirenden Einfluß.

b. Während die Heimathgesetzgebung den Gemeinden durch ihr Recht, das Heimathrecht und die Verehelichung zu gewähren oder zu versagen, einen gewaltigen Regulator der Armenlasten in die Hand gab, welchen die Gemeinden in ausgiebigster Weise benutzten, fällt derselbe mit Beseitigung dieses Systems hinweg.

Gerechtigkeits- und Billigkeitsgründe sprechen deshalb für die Uebernahme der Armenlasten durch den Staat. Dies anerkannten auch die dem Gesetz über den Unterstützungswohnsitz seitens der Reichstagscommission beigegebenen Motive[2]), welche nach Kritisirung des Heimathsystems fortfahren: „hiernach ist es consequent die Unterstützung der Hülfsbedürftigen als eine Staatslast zu charakterisiren." Anstatt nun consequent zu sein und den Staat auch als den berufenen Träger der Armenlast zu betrachten und von diesem Princip nur insoweit abzuweichen, als Opportunitäts- und Utilitätsgründe dies erheischten,

---

[1]) Waentig, Dr. jur. Unterstützungswohnsitz oder Geburtsheimath. Dresden 1877. Seite 32.

[2]) Bericht der 5. Reichstagscommission vom Jahre 1870, betreffend den Entwurf über das Gesetz des Unterstützungswohnsitzes.

kam der Bericht zu dem Schluß, daß nicht das Reich oder die Einzelstaaten, sondern die kleinsten öffentlichen Organe — die Gemeinden — im wesentlichen die Armenlast zu tragen hätten.

Daß der Staat, vermöge seiner Omnipotenz, die Ueberwälzung solcher Lasten, welche, wie die Armenlasten staatlicher Natur sind, auf die Gemeinden dekretiren kann, ist zweifellos. Dabei darf aber nicht außer Betracht gelassen werden, daß dann ein Vertheilungsregulator gesucht oder geschaffen werden muß, welcher die überwälzten Lasten möglichst gleichmäßig vertheilt. Wenn dieser Forderung auch nicht bis in's Einzelste Rechnung getragen werden kann, so soll ihr doch so weit wie möglich entsprochen werden.

Der genannte Commissionsbericht ignorirte aber dieses Postulat und wälzte die Armenlasten deshalb auf die Gemeinden, weil die Armenpflege eine decentralisirte Thätigkeit erheische, zu deren Ausübung nur die Gemeinden ihrer inneren Natur nach befähigt seien.[1]) Wäre untersucht worden, ob die letztere Behauptung für die gesammte Armenpflege zutrifft, dann würde man zu einem verneinenden Resultat gekommen sein.

Der Decentralisation — das ist allgemein anerkannt — bedarf nur die offene Armenpflege, d. h. diejenige, die auch mit Präventivmaßregeln gegen die Armuth kämpft und ihre Fühler bis in die dunkelsten und entlegensten Gassen der Armuth ausstreckt. Dagegen bedarf die geschlossene Armenpflege nicht der Decentralisation oder der individualisirenden Methode, welche armen Blinden, Irren, Blödsinnigen, Taubstummen, Siechen, Findlingen, Waisen, verwahrlosten Kindern gegenüber werthlos ist.

Die gesammte geschlossene Armenpflege hätte deshalb als Staatslast betrachtet werden müssen. Nun warf sich erst die Frage auf, ob diejenige Armenpflege, welche der Decentralisation unbedingt bedarf, als deren letztes dem Staate verantwortliches Glied die politische Gemeinde angesehen werden muß, weil sie kraft ihrer Organisation am raschesten vermittelst ihres vielgliederigen, menschenreichen Verwaltungsapparates die dem Einzelfalle entsprechende Hülfe zu leisten vermag, den Gemeinden hätte aufgebürdet werden sollen.

Hätten sich, wie wir glauben, genügende Gründe für die Tragung dieser Armenlasten durch die Gemeinden gefunden, dann würde das „Wie" der Tragung derselben zu erörtern gewesen sein.

Die Frage, ob die der individualisirenden Methode bedürfende Armenpflege nach dem Princip des Heimathrechtes oder Unterstützungswohnsitzes geregelt werden solle, würde sich aufgedrängt haben. Die Waagschale hätte sich dann aus den vorstehend angeführten Gründen zu Ungunsten des Heimathsystems und zu Gunsten des auf historischen Unterlagen beruhenden Unterstützungswohnsitzsystems, das sich von dem Heimathsystem nicht allzuweit entfernt, geneigt.

Daraus, daß die Gemeinden die geeignetsten und vorzüglichsten Eigenschaften besitzen, welche zur erfolgreichen Bekämpfung der Armuth erforderlich sind, läßt sich aber nicht der Schluß ziehen, daß die Gemeinden auch die Kosten des Armenwesens zu tragen haben. Denn das würde, den gleichen Grundsatz auf andere Verhältnisse angewandt, nichts anderes heißen, als die beste Qualifikation zur Ausführung einer Sache bestrafen, anstatt zu belohnen. Das ist eine gewaltsame, willkürliche, mindestens aber künstliche Argumentation, welche für viele Gemeinden Veranlassung zu mangelhafter Ausführung der Armenpflege

---

[1]) Vergl. Bericht der 5. Reichstagscommission vom Jahre 1870, betr. den Entwurf über das Gesetz des Unterstützungswohnsitzes.

werden könnte und thatsächlich auch geworden ist. Statt consequent zu sein, und die Armenlast angesichts der Freizügigkeit principiell als eine Staatslast zu betrachten, bezeichnete man sie hauptsächlich als eine Gemeindelast, indem bestimmt wurde, daß ein Verarmter von derjenigen Gemeinde resp. dem Ortsarmenverbande, d. h. einem räumlich abgegrenzten Bezirk, definitiv unterstützt werden müsse, in dem er sich einen Unterstützungswohnsitz erworben habe. Letzterer wird durch zweijährigen ununterbrochenen Aufenthalt nach zurückgelegtem 24. Lebensjahre in einem Ortsarmenverband erworben und nur nach zweijähriger ununterbrochener Abwesenheit wieder verloren. Wer sich nach zurückgelegtem 26. Lebensjahre nirgends 2 Jahre aufgehalten hat, besitzt keinen Unterstützungswohnsitz. Er gilt als landarm und wird vom Landarmenverband, der der Regel nach eine Mehrheit von Ortsarmenverbänden umfaßt, unterstützt.

Den Gemeinden, deren Prästationsfähigkeit durch die Knappheit ihrer Mittel beschränkt war, wurde ein arbiträrer, auf schwankendster Grundlage beruhender Beitrag zugesichert. Eine Zusicherung, welche für die meisten, unter der drückenden Bürde der Armenlast seufzenden Gemeinden, fast keinen Werth hat. Das subsidiäre Eintreten der Landarmenverbände ist ebenso fragwürdiger Natur, wie es eine schwierige und undankbare Aufgabe ist, die Prästationsfähigkeit eines Ortsarmenverbandes zu bestimmen.

c. Mit der Ueberwälzung der Armenlasten auf die Gemeinden auf der Grundlage vorangegangenen mindestens zweijährigen Aufenthaltes der Unterstützungsbedürftigen war der Krieg zwischen den Gemeinden und der Gemeinden gegen die Landarmenverbände eröffnet, indem sich die Gemeinden die Unterstützungsbedürftigen auf Schleichwegen, durch Ueberrumpelung, Liste und Kniffe zuführten und durch vorzeitiges Unterstützen die Lasten von sich abwälzten. Ein Verfahren, dessen Verbissenheit sich auch in der großen Zahl der wegen Armenlasten geführten Klagen zeigt.

Kleinere Gemeinden, deren Einwohner an ihren Steuerzetteln oder durch Hergabe von Naturalien die kleinste Zunahme der Armenlast merken, wachen mit Argusaugen darüber, daß nicht ortsangehörige Arbeiter und Arbeiterinnen vor Ablauf der zum Erwerb des Unterstützungswohnsitzes nöthigen zweijährigen Frist aus der Arbeit entlassen werden und auch keine Wohnung mehr erhalten. Diese vom Egoismus eingegebenen Acte sind Vorbeugungsmittel zur Abwälzung einer eventuell später entstehenden Armenlast. So verwerflich an und für sich auch diese Armenlastenabwälzungsmethoden sind, so muß als Milderungsgrund für sie angeführt werden, daß viele Gemeinden kaum im Stande sind, die Armenlasten nach Maßgabe des Reichsgesetzes über den Unterstützungswohnsitz zu tragen.

So wird von vielen Gemeinden das Unterstützungswohnsitzgesetz umgangen. Ein förmliches Armenlastenabwälzungssystem hat sich in Folge künstlich geschaffener Unterstützungswohnsitze oder künstlich geschaffener Landarmer gebildet. Das Bundesamt für das Heimathwesen, das zur Schlichtung von Armenstreitsachen geschaffene höchste Reichsrechtssprechungsorgan versagt zwar solchen Manipulationen seine Sanktion [1]), natürlich nur in jenen seltenen Fällen, welche vor sein Rechtsprechungsforum gelangen.

d. Die dem Gesetze beigegebenen Motive betrachten die Armenlasten als Aequivalente für genossene wirthschaftliche Vortheile. Diese Argumentation ist

---

[1]) Wohlers. Das Reichsgesetz über den Unterstützungswohnsitz vom 6. Juni 1870 erläutert nach den Entscheidungen des Bundesamtes für das Heimathwesen. Berlin 1884 S. 42 ff. u. 77—88.

unhaltbar, weil eine Wechselbeziehung zwischen den Armenlasten und genossenen wirthschaftlichen Vortheilen nur bei den wenigsten Unterstützungsfällen besteht.

Wäre der dem Gesetz über den Unterstützungswohnsitz zu Grunde liegende Gedanke[1]), die Armenunterstützung als eine Last derjenigen Gemeinden zu betrachten, welche die wirthschaftlichen Vortheile des zu Unterstützenden genossen haben, auf die Fälle beschränkt worden, bei denen diese Wechselbeziehung thatsächlich stattgefunden hat, so könnte die Unterstützung allenfalls als ein Aequivalent, als eine innerlich gerechtfertigte Gegenleistung erscheinen. Nur schade, daß dem, wie das Gesetz beweist, nicht entsprochen worden ist, und auch nur sehr schwer entsprochen werden konnte, weil die Festsetzung des wirthschaftlichen Vortheiles, welchen eine Gemeinde oder ein größerer Verband von einem Verarmten genossen hat, von einer Untersuchung der einschlagenden thatsächlichen Verhältnisse — eine übrigens kaum zu lösende schwierige Aufgabe — und nicht nur von einem Aufenthalt von gewisser Dauer hätte abhängig gemacht werden müssen.

Wollte der Gesetzgeber die ihn leitende Absicht, die Armenunterstützung als ein Aequivalent für genossene wirthschaftliche Vortheile zu gewähren, ernstlich verwirklichen, dann hätten ganz andere Bestimmungen, als thatsächlich geschehen, getroffen werden müssen.

Mit der zweijährigen Erwerbsfrist des Unterstützungswohnsitzes und der zweijährigen Verlustfrist desselben war dieser Absicht ebensowenig entsprochen, wie mit der Bestimmung, daß mangels eines Unterstützungswohnsitzes ein größerer Verband die Armenlast zu tragen habe. So gut die Absicht des Gesetzgebers war, so ungenügend war ihre Ausführung. In einer einfachen Zeitbestimmung kann die Lösung derselben nicht gefunden werden.

Die Möglichkeit, daß ein zu Unterstützender innerhalb eines festnormirten Zeitraumes, dem unterstützungspflichtigen Verbande — sei es ein Orts- oder Landarmenverband — wirthschaftliche Vortheile gebracht haben kann, muß ohne weiteres zugegeben werden. Es ist aber auch möglich, daß der Verband nicht nur keine Vortheile, sondern Nachtheile von ihm gehabt haben kann; und wenn das Letztere der Fall ist, so ist die Aufbürdung der Unterstützungspflicht angesichts des Princips der Gegenleistung, eine Ungerechtigkeit.

Im Allgemeinen kann die Armenunterstützung nicht als Aequivalent für vorhergegangene wirthschaftliche Leistungen betrachtet werden, zumal die Eruirung derselben in Anbetracht unserer, die freie Beweglichkeit des Individuums fördernden, Gesetzgebung unmöglich ist. Selbst der complicirteste und exakteste funktionirende Beamtenapparat würde der bunten Beweglichkeit des Erwerbslebens nicht zu folgen vermögen, um auch nur annäherungsweise das richtige Verhältniß zwischen Aequivalent und genossenen wirthschaftlichen Vortheilen bestimmen zu können.

Die aus dem Heimathrecht resultirende Armenunterstützungspflicht charakterisirte sich in den meisten Fällen als eine Gegenleistung der Gemeinden.

Der aus dem Reichsgesetz über den Unterstützungswohnsitz festgesetzten muß dieser Charakter gänzlich abgesprochen werden, weil sie lediglich aus der Dauer des Aufenthaltes resultirt und nicht wie es beim Heimathrecht oft zutraf, von Zahlung eines Anzugs- und Bürgergeldes oder von Gemeindesteuerzahlung abhängig gemacht wurde.

---

[1]) Bericht der 5. Reichstagskommission vom Jahre 1870 betr. den Entwurf des Gesetzes über den Unterstützungswohnsitz.

Wir betrachten die Armenunterstützungspflicht überhaupt nicht als ein Aequivalent für genossene wirthschaftliche Vortheile. Wenn wir aber dieser Argumentation auch beipflichten wollten, so könnten wir sie nur dahin interpretiren, daß nach Aufhebung jener Gesetzgebung, kraft welcher die Gemeinden ein starkes Hausrecht besaßen, nicht mehr sie, sondern der Staat als wirthschaftliches Ganze die Vortheile seiner Angehörigen genießt.

Bis zu diesem Punkte mag die Verwerthung von Leistung und Gegenleistung äußersten Falles anwendbar sein, darüber hinausgehend ist sie unbrauchbar.

Annähernd würde eine auf das Princip der Leistung und Gegenleistung basirte Armengesetzgebung diesem nur dann gerecht werden, wenn sie die Normativbestimmung träfe, daß derjenige Verband, mag dies ein engerer oder weiterer sein, in dem sich der Verarmte am längsten aufgehalten hat, unterstützungsverpflichtet ist oder daß die bisherigen Aufenthaltsorte nach der Dauer des Aufenthaltes an der Unterstützungspflicht theilzunehmen haben.

Eine so geregelte Unterstützungspflicht erforderte aber eine gewaltige Arbeitskraft, daß sie sich schon allein aus diesem Grunde verbietet.

Ohnehin soll eine Armengesetzgebung so einfach wie möglich sein, sowie Mannigfaltigkeit und einen großen Beamtenorganismus zu vermeiden suchen.

Mit dem Princip der Leistung und Gegenleistung, welches im allgemeinen falsch und soweit es zutreffend ist, an seiner Unausführbarkeit scheitert, muß daher gebrochen und die Vertheilung der Armenlasten nach anderen Principien geregelt werden.

Treffend sagt v. Reitzenstein [1]) „die Basirung der Armenlast auf die Gemeinden ist ein Ueberbleibsel einer der Vergangenheit angehörigen Lebensordnung; sie ist eine Consequenz des genossenschaftlichen Bandes, das sich in der Ortsgemeinde ausprägte."

Die Uebernahme der gesammten oder theilweisen Armenlasten auf die Gemeinden kann also weder durch ihre Qualification und Delegation zur Ausführung der Armengesetzgebung, noch durch wirthschaftliche Vortheile, welche die Gemeinden durch die Verarmten genossen haben sollen, gerechtfertigt werden.

Inwieweit und wodurch eine Betheiligung der Gemeinden an der Bürde der Armenlast gerechtfertigt erscheint, wird erst im dritten Theile zu erörtern sein. —

e. Nach dem Reichsgesetz wird der Unterstützungswohnsitz durch zweijährigen ununterbrochenen Aufenthalt nach zurückgelegtem 24. Lebensjahre, abgesehen von dem Erwerb durch Verehelichung und Abstammung, erworben und ebenfalls durch zweijährige ununterbrochene Abwesenheit vom Unterstützungswohnsitzort verloren. Diejenigen, welche sich während der zweijährigen Abwesenheit von ihrem bisherigen Unterstützungswohnsitz in mehr als einer Gemeinde aufgehalten haben, sind demnach nach Ablauf der zweijährigen Verlustfrist unterstützungswohnsitzlos. Im Unterstützungsfalle gelten sie als landarm und fallen demgemäß den Landarmenverbänden, weil nunmehr nach dem genannten Commissionsbericht sie und nicht ein Ortsarmenverband die wirthschaftlichen Vortheile dieser Verarmten genossen haben soll, zur Last. Dazu kommt noch, daß in Folge der heutigen Gestaltung des Erwerbslebens die Beweglichkeit einer quantitativ bedeutenden Volksklasse so groß geworden ist, daß ein Unterstützungswohnsitz leichter verloren als erworben werden kann. Die Creirung Unterstützungs-

---

[1]) v. Reitzenstein. Die Armengesetzgebung Frankreichs in Schmolders Jahrbuch für Gesetzgebung und Verwaltung und Verwaltung. Jahrgang V S. 1180.

wohnsitzloser, welche zur Institution der Landarmenverbände führte, ist der wundeste Punkt des Reichsgesetzes über den Unterstützungswohnsitz.

Eine Menschenspecies, welche keine Heimath, keine Angehörigkeit an ein Gemeinwesen besitzt, welche losgelöst, fast exclubirt vom bürgerlichen Gemeinwesen ist, zu schaffen und sie mit dem nichts weniger als zutreffenden, aber ominösen Prädicat landarm im Gegensatz zu ortsarm zu bezeichnen, ist eine Institution ganz bedenklicher Art, welche möglichst beseitigt oder doch nur in seltenen Fällen in Function treten sollte.

So ist es möglich geworden, daß Jemand, welcher ein halbes Leben in einer Gemeinde gelebt, sie, durch Verhältnisse gezwungen, verläßt und nach Ablauf von zwei Jahren seinen Unterstützungswohnsitz in jener Gemeinde verloren hat, ohne einen neuen erworben zu haben, mit dem durch nichts gerechtfertigten Patent eines Landarmen im Verarmungsfalle umherläuft.

So lieb und angenehm solche Bestimmungen auch einzelnen Gemeinden sein mögen, so ungerecht sind sie dem Individuum gegenüber.

Der Landarme befindet sich sehr oft auf jener schiefen Ebene, von welcher ein Entrinnen kaum noch möglich ist. Der Einzige, der an dem Landarmen ein Interesse hat, der Landarmenverband, kann sich seiner, sein Charakter schließt dies in der Regel aus, nicht annehmen.

Die dem Reichsgesetz gemachten Vorwürfe, daß es Arme zweiter Klasse schafft und durch das Institut der Landarmen die Vagabundenarmee groß zieht, sind unseres Erachtens gerechtfertigt.

Die Frage, ob dem Anschwellen der Landarmen durch eine Verlängerung oder eine Verkürzung der zur Erwerbung eines Unterstützungswohnsitzes nöthigen Frist vorgebeugt werden könne, scheint uns unnöthig zu sein. Hier kann nur eine Radicalkur helfen, indem man die Landarmen einfach beseitigt.

Uebrigens ist der Landarme kein nothwendiges Glied des Unterstützungswohnsitzprincips. Man kann ihn unbedenklich fallen lassen, ohne dem Princip etwas zu vergeben. Geschieht dies, dann fallen die wegen der Landarmen erhobenen Klagen fort und die heutigen Gegner des Reichsgesetzes über den Unterstützungswohnsitz werden dem Gesetze geneigter sein.

Der einzige Grund, welcher sich für die Institution der Landarmenverbände geltend machen ließe, daß sie den Ortsarmenverbänden gewisse Lasten abnehmen, beruht auf schwachen Unterlagen, weil dies auf viel einfachere und bequemere, als durch die vom Gesetz vorgeschriebene Weise erreicht werden kann. —

f. Unter den Vorwürfen, welche noch in erster Linie gegen das Reichsgesetz über den Unterstützungswohnsitz erhoben werden, sind diejenigen zu nennen, die dem Gesetz einerseits eine Vermehrung der Armen und anderseits auch der Armenlast zuschreiben. Beide Behauptungen stützen sich, mangels einer das ganze Reich umfassenden mehrjährigen Armenstatistik, nicht auf einen sicheren zahlenmäßigen Nachweis, sondern sie sind auf Indicienbeweise beschränkt.

Man darf aber wohl annehmen, daß die Zahl der Armen in Folge des Gesetzes einen unnatürlichen Zuwachs deshalb erhalten hat, weil Präventivmaßregeln von den Gemeinden nur ihren eigenen Armen gegenüber angewendet werden und weil das vorzeitige Unterstützen zur Abwälzung einer voraussichtlich später entstehenden Armenlast eine weitverbreitete Unsitte geworden ist, durch welche sich die Armen vermehren und die Armenlasten steigern mußten.

Daß darin aber allein die Ursache der behaupteten Erhöhung der Armenlasten liege, ist wohl kaum annehmbar. Vielmehr läßt sich vermuthen, daß auch Ursachen anderer Natur, als in der Unterstützungswohnsitzgesetzgebung liegend, das Anschwellen der Armenlasten bewirkt haben. Ursachen nicht gesetzgeberischer, sondern wirthschaftlicher Natur, welche auch im übrigen Deutschland zur Aeußerung kommen mußten. Uebrigens dürfte dieser Vorwurf auch durch einen Hinweis auf Oesterreich abzuschwächen sein, wo nach Steiner [1]) die Verarmung seit 1873 Fortschritte gemacht haben soll.

g. Was die Vertheilung der Armenlasten betrifft, so war es selbstredend, daß ein anderes Princip andere Wirkungen nach sich ziehen mußte.

Es kann also nicht auffallend, sondern nur natürlich erscheinen, daß, nachdem in dem Geltungsbereiche des Heimathrechtes die Unterstützungswohnsitzgesetzgebung eingeführt worden war, Erscheinungen zu Tage traten, welche befremdend erschienen. Die überraschendste und unangenehmste war die Ungleichheit der Vertheilung der Armenlast, welche eine anerkannt ungerechte und principlose ist, die sich durch Zufälligkeiten, Willkür und durch Armenab- resp. Zuschiebung regelt. Illustriren wir an einigen Beispielen die Vertheilung der Armenlast. Jemand erwirbt sich nach Ablauf der zweijährigen Frist, in welcher die Gemeinde nicht einmal nennenswerthe Vortheile von dem unterstützungswohnsitzberechtigten Neuling erwachsen zu sein brauchen, einen Unterstützungswohnsitz, geräth in den Armuthszustand und fällt dadurch der Aufenthaltsgemeinde zur Last, während die Gemeinde, welche während eines viel längeren Zeitraumes die volle Kraft des Verarmten genossen und thatsächlich wirthschaftliche Vortheile von ihm gehabt hat, von der Armenunterstützungslast befreit ist. Die Vertheilung der Armenlast ist auch in dem folgenden Falle nicht gerechtfertigt. Jemand lebt 10—15 Jahre nach erreichtem 24. Jahre, von dem an erst selbstständig ein Unterstützungswohnsitz erworben werden kann, in einer Gemeinde und erwirbt durch anderweiten zweijährigen Aufenthalt in einem Ortsarmenverband einen anderen Unterstützungswohnsitz, kehrt dann in die erstere Gemeinde, an welche er sich durch vielfache Beziehungen hingezogen fühlt, zurück, verarmt vor Ablauf der einen Erwerb des Unterstützungswohnsitzes begründenden zweijährigen Frist und fällt dann der Gemeinde, welche ihn zwei Jahre beherbergt hat, zur Last, während diejenige, welche seine Arbeitskraft während eines mehr als fünfmal längeren Zeitraumes genossen hat, unterstützungsbefreit ist.

Das sind keine erkünstelten, sondern aus dem Leben gegriffene Vorfälle, welche den sich verstärkenden Widerspruch gegen das Unterstützungswohnsitzgesetz voll und ganz begreiflich erscheinen lassen.

Hoffentlich wird man solche Vorkommnisse nicht durch das Wort „Ausnahme" beschönigen wollen. Für uns sind sie Beispiele, welche zur Probe für die Richtigkeit oder Falschheit des Gesetzes dienen.

h. Zwei weitere Klagen gegen das Reichsgesetz über den Unterstützungswohnsitz betreffen die mit der Handhabung desselben verknüpfte außerordentliche Verwaltungsarbeit, herbeigeführt durch die vielfachen Schreibereien zur Feststellung des Unterstützungswohnsitzes, sowie die große Zahl der Klagsachen zwischen den einzelnen Armenverbänden. (Armenklagsachen-Statistik s. IV. Theil.)

Beide Klagen sind berechtigt und können auch durch eine andere vereinfachte Organisation ganz bedeutend reducirt werden. Insbesondere muß die Erkennung des Unterstützungsverpflichteten so klar wie möglich ausgedrückt sein, möglichst durch das Gesetz selbst zu ersehen sein und nicht erst in unendlich vielen Fällen durch Verwaltungsrechtsprechungsapparate festgestellt werden.

---
[1]) Dr. Maximilian Steiner. Zur Reform der Armenpflege in Oesterreich. Wien 1880. S. 1.

Uebrigens soll die Armengesetzgebung eine derartige sein, daß Klagen wegen Armenlasten möglichst vermieden werden. Gerade bezüglich dieses Punktes bedarf das bestehende Gesetz der Abänderung und Vereinfachung. Die Bände, welche die Entscheidungen des Bundesamtes für das Heimathwesen[1]) bergen, sprechen eine nicht mißzuverstehende Sprache. Wenn es auch zur Zeit unmöglich ist, eine Regelung der Armengesetzgebung unter Ausschluß des Klagerechtes zu erlassen, so kann doch das Klagverfahren sowohl durch präcisere Bestimmungen als auch ganz besonders durch eine andere Organisation der Armenlastenvertheilung, wie sie von uns im letzten Theile vorgeschlagen wird, bedeutend eingeschränkt werden.

i. Als ein weiterer Mangel des Gesetzes ist es zu bezeichnen, daß keine Vorkehrungen oder Strafbestimmungen gegen die Ab- und Zuwälzungen von Unterstützungsbedürftigen getroffen worden sind, wodurch die Vertheilung der Armenlast in einer ganz anderen als durch das Gesetz gewollten Art und Weise geschieht.

Dies hätte, insoweit es durch einfache Bestimmungen nicht zu erreichen war, durch Strafbestimmungen verhindert werden können, wie es seitens der belgischen und englischen Armengesetzgebung geschehen und von Jolly[2]) als nachahmungswerth bezeichnet worden ist.

k. Weshalb sich der § 33[3]) des Gesetzes über den Unterstützungswohnsitz nur mit denjenigen aus dem Auslande zurückkehrenden Deutschen beschäftigt, welche auf Verlangen ausländischer Staatsbehörden im Fall der Hülfsbedürftigkeit und mangels eines Unterstützungswohnsitzes übernommen werden müssen, und weshalb nicht auch für die freiwillig aus dem Auslande zurückkehrenden hülfsbedürftigen, unterstützungswohnsitzlosen Deutschen Bestimmungen getroffen worden sind, ist uns unerfindlich. Diese Lücke kann sehr leicht dadurch ausgefüllt werden, daß sämmtliche aus dem Auslande zurückkehrende hülfsbedürftige und unterstützungswohnsitzlose Deutsche, ob sie freiwillig oder gezwungen zurückkehren, nach dem § 33 des Gesetzes über den Unterstützungswohnsitz resp. nach der im vorigen Theile erwähnten Gothaer Convention vom 15. Juli 1851 behandelt werden.

Jetzt fallen die aus dem Auslande freiwillig zurückkommenden unterstützungswohnsitzlosen und hülfsbedürftigen Reichsangehörigen den das Ausland begrenzenden Landarmenverbänden zur Last. Besonders Sachsen und die süddeutschen Staaten empfinden die Härte dieser Maßregel. Und in der That ist auch nicht einzusehen, weshalb die territoriale Lage eines Landarmenverbandes den Grund zu außergewöhnlicher Lastentragung abgeben soll.

l. Die Hauptaufgabe der Armenpflege ist nicht in der mechanischen Unterstützung zu erblicken, sondern in der Bekämpfung der Entstehungsursachen der

---
[1]) Bis 1884 waren 15 Hefte erschienen, welche nicht einmal sämmtliche, sondern nur die ergangenen wichtigeren Entscheidungen enthalten.

[2]) Jolly. Die Vertheilung der öffentlichen Armenlast in der Zeitschrift für die gesammte Staatswissenschaft. Tübingen 1884. S. 4.

[3]) Der Paragraph 33 lautet: Muß ein Deutscher, welcher keinen Unterstützungswohnsitz hat, auf Verlangen ausländischer Staatsbehörden aus dem Auslande übernommen werden, und ist bei der Uebernahme der Fall der Hülfsbedürftigkeit vorhanden, oder tritt derselbe innerhalb sieben Tagen nach erfolgter Uebernahme ein, so liegt die Verpflichtung zur Erstattung der Kosten der Unterstützung. beziehungsweise zur Uebernahme des Hülfsbedürftigen, demjenigen Bundesstaate ob, innerhalb dessen der Hülfsbedürftige seinen letzten Unterstützungswohnsitz gehabt hat, mit der Maaßgabe, daß es jedem Bundesstaate überlassen bleibt, im Wege der Landesgesetzgebung diese Verpflichtung auf seine Armenverbände zu übertragen.

Armuth und hinsichtlich dieses Punktes trifft das Reichsgesetz keine Bestimmung. Es liegt uns fern, dem Gesetze daraus einen Vorwurf machen zu wollen, weil kategorische Gesetzesbestimmungen mangels der Garantie ihrer Befolgung werthlos erscheinen müßten.

Was hier geschehen kann, wird der Initiative der Gemeinden zu überlassen sein, auf welche aber ein indirecter, die Anwendung von Präventiv-Maßregeln sichernder Druck durch die Vertheilung der Armenlast insofern ausgeübt werden kann, als die Gemeinden an jeder gewährten Unterstützung zu participiren haben. Ist das der Fall, dann wird das Interesse der Gemeinden die Anwendung von Präventiv-Maßregeln, ebenso wie eine straffere Organisation der gemeindlichen, kirchlichen und privaten Wohlthätigkeit, dieser drei coordinirten Glieder derselben, erheischen.

Oeffentliche und private Armenpflege sollen Hand in Hand, nicht auseinander gehen. Dies wird in demselben Maße nothwendiger und bringender als die Gesetzgebung die Dislocation des Bevölkerung erleichtert. —

Das dürften die dem Reichsgesetz über den Unterstützungswohnsitz vom 6. Juni 1870 mit mehr oder weniger Berechtigung zu machenden Vorwürfe sein.

III.
Kritik gemachter Reformvorschläge.

In Folge des Widerstandes, der sich in weiten Kreisen gegen das im vorstehenden Theile von uns kritisirte Reichsgesetz über den Unterstützungswohnsitz vom 6. Juni 1870 erhoben hat, sind eine große Zahl von Reformvorschlägen gemacht worden, deren hervorragendste wir nachstehend kurz erwähnen und kritisiren wollen.

Die vorgeschlagenen Reformen verzweigen sich nach folgenden drei Richtungen:

I. in solche, welche sich ganz oder theilweise an das Heimathssystem anlehnen,

II. in solche, welche die bestehende Gesetzgebung, unter Beibehaltung des Landarmeninstitutes, weiter ausbauen, und

III. in solche, welche die gesammte oder theilweise Armenlast dem Staate aufbürden wollen.

I.

a. Am Beginne unserer Arbeit glauben wir nachgewiesen zu haben, daß angesichts der Neugestaltung des wirthschaftlichen Erwerbslebens, welches sich durch eine intensivere Arbeitstheilung, sowie dadurch charakterisirt, daß ein sehr großer Theil der Bevölkerung fluctuirt, und daß größere Arbeitermassen von Einzelnen abhängig sind, eine auf dem reinen Heimathssystem beruhende Armengesetzgebung ausgeschlossen ist. Den Gemeinden gegenüber würde es, wie wir glauben, eine unentschuldbare Härte sein, die Armenunterstützung von einem durch Geburt und Verleihung und bei Frauen durch Heirath zu erwerbenden Heimathrecht abhängig zu machen, welches nur durch Erwerb des gleichen Rechtes in einer anderen Gemeinde verloren werden kann. Angesichts der Freizügigkeit würde ein neues Heimathrecht, das — in den Ehestand tretende Frauen ausgenommen — nur durch Verleihung erworben werden könnte, von den Gemeinden in ihrem eigenen Interesse nur in den Fällen verliehen werden, bei denen mit Sicherheit vorauszusehen war, daß den Gemeinden daraus Nachtheile — eventuell eine später zu gewährende Armenunterstützung — nicht erwachsen.

Dies würde zur Folge haben, daß diejenige Bevölkerung, welcher die Freizügigkeit [1]), über die sich, um mit Robbertus zu reden, wohl nicht mehr streiten läßt, hauptsächlich zu gute kommt, nämlich die arbeitende, sich nur in seltenen Fällen ein neues Heimathrecht wird erwerben können.

Versuchen wir, das Behauptete durch Zuhilfenahme der Statistik näher zu illustriren.

Im Jahre 1883[2]) waren unter 5654 männlichen Unterstützten der Stadt Berlin:

aus Berlin Gebürtige 2623 = 46,39 %,
Zugezogene 3031 = 53,61 %,

und unter 16 053 weiblichen Unterstützten

aus Berlin Gebürtige 4933 = 30,73 %,
Zugezogene 11120 = 69,27 %.

Aehnlich gestalteten sich im Jahre 1883 die Verhältnisse in Dresden, das unter 800 männlichen Unterstützten

aus Dresden Gebürtige 359 = 44,87 %,
Zugezogene 441 = 55,13 %,

und unter 1680 weiblichen Unterstützten

aus Dresden Gebürtige 560 = 33,33 %,
Zugezogene 1120 = 66,67 %

hatte.

Scheidet man die die Verhältnisse der erwachsenen Unterstützten beeinträchtigenden Kinder [3]) aus, so ergiebt sich für Berlin und Dresden folgendes Resultat:

Von 100 unterstützten Männern waren: | Von 100 unterstützten Frauen
in Berlin, in Dresden | in Berlin, in Dresden
seit Geburt aufhältlich 27,06 25,19   22,36   25,50
Zugezogen   72,94   74,81   77,64   74,50

Aus diesen Zahlen ist die Thatsache zu entnehmen, daß der größte Theil der unterstützungswohnsitzberechtigten Unterstützten aus Zugezogenen besteht und daß demnach in der die Armenunterstützung einmal begehrenden Bevölkerung eine große Beweglichkeit herrscht. Nehmen wir nun an, daß in Deutschland die reine Heimathgesetzgebung neben der Freizügigkeit bestände, so würde sich wahrscheinlich nur eine verschwindend geringe Zahl der in Berlin resp. in Dresden zugezogenen unterstützten Frauen und Männer eine neue Heimath durch Verehelichung erworben resp. verliehen erhalten haben.

Nun dürfte wohl darüber kein Zweifel bestehen, daß das Gesetz vom 6. Juni 1870 sehr viel dazu beiträgt, die Beweglichkeit der arbeitenden Bevölkerung zu fördern, statt möglichst zur Seßhaftigkeit derselben beizutragen.

---

[1]) Das Princip der Freizügigkeit kann natürlich nicht für Diejenigen gelten, die öffentliche Hülfe in Anspruch nehmen.

[2]) Die nachstehenden Zahlen sind entnommen Dr. Böhmert, Armenpflegercongreß 1884. Einige neuere Ergebnisse der Armenstatistik der Städte Berlin und Dresden, das Alter und die Aufenthaltsdauer bei der ersten Unterstützung betreffend.

[3]) Vergl. die armenrechtliche Familiengemeinschaft, Grundsätze des Bundesamts für das Heimathwesen, R. Centr. Bl. 1883 Seite 87.

Inwieweit durch die Bestimmung, daß durch zweijährige Aufenthaltsdauer der Unterstützungswohnsitz erworben und durch gleiche Abwesenheitsdauer verloren gehen kann, auf die Bewegung der Bevölkerung eingewirkt wird, ist schwer festzustellen. Daß aber durch die die Armenlasten abwehrenden Tendenzen der kleineren Gemeinden und selbstständigen Gutsbezirke die Seßhaftigkeit der Arbeiterbevölkerung nicht erhöht wird, steht zweifellos fest; indem das Gesetz den Gemeinden nach kurzer Aufenthaltsdauer die Pflicht zur Unterstützung aufbürdet, entziehen sich viele derselben durch Versagung von längerer als nicht ganz zweijähriger Arbeitsgelegenheit möglichst dieser Last, ebenso auch durch die Versagung von Wohnungen und durch heimliches Unterstützen an anderen Orten [1]).

Schließlich kann man den Gemeinden diese die Armenlast abwehrenden Tendenzen, abgesehen von dem heimlichen Unterstützen, nicht einmal zum Vorwurf machen, weil sie damit nur ihr Interesse wahren und nichts Rechtswidriges begehen. Daß diese Verhältnisse auf die vorstehend angegebenen Zahlen mit eingewirkt haben, dürfte um so weniger zu bezweifeln sein, als besonders die großen Städte als Zufluchtsorte der wandernden Bevölkerung dienen. Aber selbst nach Abzug der in Folge der abwehrenden Tendenzen nach Berlin und Dresden Verzogenen wird immer noch ein so großer Prozentsatz freiwillig Zugezogener übrig bleiben, um daraus auf eine große natürliche Bevölkerungsverschiebung zu schließen. Die Letztere wird selbst dann noch sehr bedeutend bleiben, wenn die Gewerbefreiheit die nöthigen wünschenswerthen Einschränkungen erhalten hat. Denn, daß auch die heutige Gewerbefreiheit zu einer ungesunden Bevölkerungsverschiebung mit beigetragen hat, dürfte wohl außer allem Zweifel stehen. Eine „reale Beschränkung der Freizügigkeit" ist demnach sowohl durch eine Reform der Armengesetzgebung, als auch der Gewerbefreiheit zu erreichen.

Das gesammte wirthschaftliche Leben der Neuzeit, sowohl was Erwerb als Verkehr betrifft, insbesondere aber die veränderte Productionsweise, welche, indem sie sich von der lokalen Gebundenheit löste, eine fluctuirende Bevölkerung schuf, stellt der Wiedereinführung der reinen Heimathgesetzgebung, welche mehr eine seßhafte und daher auch genossenschaftlich zusammenwirkende Bevölkerung zur Grundlage haben muß, unüberwindliche Schwierigkeiten entgegen. Unser modernes Staatsleben schließt aber die reine Heimathgesetzgebung, worunter wir die von der Geburt, Verleihung und Verehelichung hergeleitete Heimath verstehen, deshalb aus, weil die Gemeinden in Folge des Ebbens und Fluthens der Bevölkerung ihren genossenschaftlichen Charakter im Allgemeinen verloren haben.

In Folge der natürlichen Bevölkerungsverschiebung würde ein großer Procentsatz der Bevölkerung, hauptsächlich der arbeitenden, nicht, wie es natürlich wäre, in der Gemeinde beheimathet sein, welche thatsächlich durch die Länge der Aufenthaltsdauer Heimath geworden ist, sondern in der, wo die Geburt ereignete. Mit anderen Worten: ein großer Theil der heimathsberechtigten Gemeindemitglieder würde in allen Theilen des Reichs zerstreut wohnen und da, wo sich die thatsächliche Heimath befindet, keine rechtliche besitzen.

Daß dies zu ungesunden Verhältnissen und bei Armenunterstützungsfällen zu einem Chaos von Unzuträglichkeiten führen müßte, bedarf wohl keiner weiteren Begründung. Es ist unbedingt nothwendig, daß da, wo eine natürliche Heimath

---

[1]) Im Jahre 1881 wurden im Königreich Sachsen 200 unterstützte Parteien ermittelt, welche ohne Vorwissen der Armenbehörden ihres Wohnortes von auswärtigen Armenverbänden Unterstützung bezogen. Böhmert, Ueber Armenwesen und Armenstatistik in der Zeitschrift des Kgl. Sächs. Statist. Bureaus 1882, Seite 33.

durch die Länge der Zeit erworben worden ist, sie auch gesetzlich als solche gilt und nicht ausschließlich von der Einwilligung interessirter Corporationen abhängig gemacht wird. Freizügigkeit und reine Heimathgesetzgebung schließen sich demnach aus. Das Correlat der ersteren ist, daß das Heimathrecht oder der Unterstützungswohnsitz — der Name thut nichts zur Sache — außer durch Geburt und Abstammung auch von einer gewissen Dauer des Aufenthaltes abhängig gemacht werden muß.

Wir glauben damit die Unmöglichkeit der Wiedereinführung der reinen Heimathgesetzgebung, wie sie besonders neuerdings von der württembergischen zweiten Kammer [1]) gewünscht wird, nachgewiesen zu haben, wodurch wir uns eines weiteren Eingehens auf die der reinen Heimathgesetzgebung zu Grunde liegenden Reformvorschläge enthoben erachten.

b. Eng angeknüpft an das Heimathrecht haben ihre Vorschläge besonders Freiherr von Marschall [2]) und Germershausen [3]).

Nach dem Vorschlage des Letzteren soll Jeder eine Heimath besitzen, deren Verlust nur durch Erwerb einer neuen eintreten kann. Das Heimathrecht, welches die Verpflichtung der Gemeinden zur Unterstützung bedingt, soll durch Abstammung, Verehelichung, Bürgerrecht, Anstellung im Staats- oder Communaldienst, sowie durch fünfjährigen Aufenthalt, vorausgesetzt, daß während dieser Zeit die Gemeindeabgaben regelmäßig entrichtet und Armenunterstützung weder erhalten noch beansprucht worden ist, erworben werden und soll nur durch Erwerb einer neuen Heimath verloren gehen.

Die Marschall'schen Vorschläge unterscheiden sich von denen Germershausen's dadurch, daß das Heimathrecht an den Geburtsort geknüpft und nicht ein vom Familienoberhaupt abgeleitetes sein soll und daß die Erwerbung eines neuen Heimathrechtes nach fünfjährigem Aufenthalt von einem desfallsigen Nachsuchen abhängig gemacht wird.

Von dem Princip des Heimathsystems wenden sich diese Vorschläge insofern ab, als nach ihnen das Heimathrecht auch durch Aufenthalt erworben werden kann. Mit dieser Bestimmung wird die nothwendige Annäherung an die thatsächlichen, durch das wirthschaftliche Erwerbsleben geschaffenen Verhältnisse insofern vollzogen, als dem Gedanken, daß die Aufenthaltsgemeinde nach Ablauf einer gewissen Zeitdauer eine Pflicht zur Armenunterstützung ihren Einwohnern gegenüber zu übernehmen hat, Rechnung getragen wird. Das ist die aus dem Freizügigkeitsgesetz zu ziehende Consequenz, welcher in der Armengesetzgebung Rechnung getragen werden muß, was auch meistens anerkannt wird.

c. Eine vermittelnde, uns im Princip sympathische, aber des Dualismus wegen nicht empfehlenswerthe Richtung schlägt der von dem württembergischen Abgeordneten, Freiherrn von Varnbühler im Jahre 1881 im Reichstag eingebrachte Antrag auf Revision des Gesetzes über den Unterstützungswohnsitz ein. Der Antrag lautet [4]):

Der Reichstag wolle beschließen:

Den Herrn Reichskanzler zu ersuchen, das Gesetz vom 6. Juni 1870

---

[1]) Siehe die Verhandlungen der württembergischen Kammer der Abgeordneten vom 19. April 1883 und 28. April 1885.

[2]) Marschall. Ueber Wohlthätigkeit und Armengesetzgebungen — Freiberg i. Br. 1881.

[3]) Germershausen. „Vorschläge zur Reform der Armengesetzgebung" in der Zeitschrift für die gesammte Staatswissenschaft — Tübingen 1883, S. 81.

[4]) Reichstagsverhandlungen 1881 Aktenstück Nr. 124.

über den Unterstützungswohnsitz einer Revision zu unterziehen und hierbei nachstehende Gesichtspunkte in Erwägung zu ziehen:

1. Der Besitz des Heimathsrechts begründet die Verpflichtung des Heimathsorts zur Armenunterstützung des Heimathberechtigten.

2. In Ermangelung eines Heimathsrechts trifft diese Verpflichtung den nach Maßgabe des Gesetzes vom 6. Juni 1870 zu ermittelnden Ortsarmenverband.

3. Hat der Unterstützungsbedürftige weder Heimathsrecht, noch Unterstützungswohnsitz, dann tritt als unterstützungspflichtig der Landarmenverband ein nach Maßgabe des Gesetzes vom 6. Juni 1870.

4. Der einmal begründete Besitz eines Heimathsrechts geht nur verloren:
    a. durch Erwerbung eines anderen mittelst Aufgabe,
    b. bei Frauen durch Verehelichung,
    c. durch Auswanderung; dem Heimathrecht steht in dieser Beziehung gleich der Unterstützungswohnsitz.

5. Jeder Deutsche kann unter den durch Reichsgesetz festzustellenden Bedingungen die Aufnahme in das Heimathsrecht seines Aufenthaltsortes verlangen.

6. Unter denselben Voraussetzungen kann der Heimathsort (Unterstützungswohnsitzort) die Aufnahme eines in einem anderen Orte wohnhaften Heimathangehörigen verlangen.

7. Der Unterstützungspflichtige hat das Recht dem Unterstützungsbedürftigen die Unterstützung auch außerhalb der Heimath (des Unterstützungswohnsitzes) des Letzteren zu gewähren.

8. Die Art der Armenpflege, der Bildung von Armenverbänden, die Regelung ihrer Verpflichtungen, die Art der Aufbringung und Vertheilung der Armenkosten unter den verschiedenen Verbänden erfolgt durch Landesgesetzgebung.

Der Antrag empfiehlt also ein Doppelsystem. Nach ihm soll die Gewährung der Unterstützung an Arme in erster Linie nach dem Princip des Heimathrechts und nur dann, wenn ein Heimathrecht nicht besessen wird, nach dem des Unterstützungswohnsitzes geregelt werden.

Wir glauben nicht, daß es richtig ist, die Armenunterstützung nach einem dualistischen Principe zu regeln und zweierlei Arme, Heimatharme und Unterstützungswohnsitzarme zu schaffen. Wirklichen Werth würde dieser Unterschied nur dann haben, wenn diejenigen, welche das Heimathrecht besitzen, thatsächliche Vorzüge, insbesondere das klagbare Recht auf Gewährung von Armenunterstützung als ein Genossenschaftsrecht eingeräumt erhielten, was aber selbstredend wieder eine Erschwerung der Erwerbung des Heimathrechts bedingen würde. Das Gute, was der Antrag bezweckt, nämlich durch Schaffung einer besonderen Klasse von Gemeindemitgliedern die Seßhaftigkeit zu befördern und den Heimathsinn zu stärken, dürfte wohl auch durch einheitliche Bestimmungen zu erzielen sein. Dagegen ist der Theil des Antrags, nach dem Heimathrecht resp. Unterstützungswohnsitz nur durch Erwerb eines neuen Heimathrechtes resp. Unterstützungswohnsitzes verloren gehen kann, von hoher principieller Wichtigkeit.

d. Den Ausschluß einer unterstützungswohnsitzlosen Zeit bedingt auch das von dem Grafen Udo zu Stollberg-Werningerode [1]) zu dem obengenannten Varnbühler'schen Antrag gestellte Amendement, daß ein Unterstützungswohnsitz

---
[1]) Reichstagsverhandlungen 1881, Drucks. Nr. 137.

nach zurückgelegtem einundzwanzigsten Lebensjahre nach einjähriger Aufenthalts=
dauer erworben und nur durch Erwerb eines neuen verloren gehen kann.
Die hier zum Erwerb eines Unterstützungswohnsitzes vorgeschlagene Zeit von
nur einem Jahre ist aber um deswillen eine viel zu gering bemessene, weil
in so kurzem Zeitraum unmöglich eine Heimath erworben oder ein Interesse
für die Gemeinde erweckt werden kann, während doch gerade mit allen Kräften
dahin gestrebt werden muß, so viel wie möglich den ersterbenden Heimathssinn
zu festigen und zu beleben. Ein Ziel, nach dem mit aller Energie nicht nur
deshalb gesteuert werden muß, um jene Menschenklasse verschwinden zu lassen,
die nirgends eine gesetzliche Heimath besitzt, sondern auch, um eine Annäherung
an die bayerische Armengesetzgebung zu erreichen und damit jene Verbindungs=
brücke zu bauen, welche zur Einheitlichkeit der Armengesetzgebung für alle Ge=
biete Deutschlands führen kann. Der erste Schritt dazu besteht in der Aus=
scheidung des Landarmeninstituts aus der Armengesetzgebung, sowie in der
Aufnahme einer Bestimmung, nach der ein besessener Unterstützungswohnsitz
nur durch Erwerb eines neuen verloren gehen kann.

Schon allein aus dem letzteren Grunde sind alle Reformvorschläge zu
verwerfen, welche das obengenannte Ziel aus dem Auge verlieren oder gar
durch eine Erweiterung der Gegensätze der in Deutschland geltenden Armen=
gesetzgebungen die Erreichung dieses Zieles erschweren oder verhindern.

II.

a. In die Kategorie der letzteren Art fällt ein von der Reichsregierung
im Jahre 1877 ausgearbeiteter, aber ohne Folge gebliebener Gesetzentwurf,
nach dem ein Unterstützungswohnsitz durch einjährige Aufenthaltsdauer nach
zurückgelegtem einundzwanzigsten Lebensjahre erworben werden und durch ein=
jährige Abwesenheit verloren gehen soll. Abgesehen davon, daß durch ihn
wahrscheinlich das Landarmenheer vergrößert und dadurch die Kluft zwischen
der bayerischen und Reichsarmengesetzgebung erweitert worden wäre, bringt
er den an und für sich richtigen Gedanken, daß die Aufenthaltsgemeinde zur
Armenunterstützung verpflichtet ist, in — wir dürfen wohl sagen — zu pro=
noncirter Weise zum Ausdruck.

b. Weniger intensiv nach dieser Richtung hin ist der ebenfalls bei Ge=
legenheit des Varnbühler'schen Antrags von dem Reichstagsabgeordneten
Gerwig eingebrachte Antrag, nach welchem ein Unterstützungswohnsitz nach
dreijähriger Aufenthaltsdauer erworben und erst nach Ablauf fünfjähriger
Abwesenheit verloren gehen soll.

Inwiefern dieser, dem Heimathsystem besonders durch die letztere Be=
stimmung eine kleine Concession machende Vorschlag auf die Vertheilung der
Armenlast wirken würde, läßt sich schwer übersehen. Indeß dürfte zweifellos
feststehen, daß durch ihn eine künstliche Verschiebung der Armenlast sowohl
durch die zum Erwerb, als auch zum Verlust des Unterstützungswohnsitzes
nöthigen Zeiträume, die von längerer Dauer sind, als die in der geltenden
Gesetzgebung vorgesehenen, erschwert worden wäre.

Ob aber der Antrag auf eine in die Waagschale fallende Verminderung
der Landarmen hinwirken würde, dürfte um deswillen zu bezweifeln sein, weil
für die unterstützungswohnsitzlos gewordene Bevölkerung die Erwerbung eines
Unterstützungswohnsitzes durch dreijährige Aufenthaltsdauer erschwert werden
würde. Der zweifellos richtige Gedanke, durch Verlängerung der zum Erwerb
des Unterstützungswohnsitzes nöthigen Frist den Heimathssinn zu heben und

zwischen Gemeinde und Einwohnern ein festes Glied zu schaffen, scheitert, sobald ihn nicht pari passu die, eine unterstützungswohnsitzlose Zeit ausschließende Bestimmung begleitet. —

c. Durch die den Erwerb und Verlust des Unterstützungssitzes regelnden Bestimmungen des Reichsgesetzes glauben sich besonders die Städte dem Lande gegenüber benachtheiligt. Hier stoßen die widerstreitenden Interessen der Stadt= und Landgemeinden aufeinander und infolgedessen divergiren, wie auch aus den vorhergehenden Vorschlägen zu ersehen ist, die Meinungen über eine anderweite Regelung des Erwerbes und Verlustes des Unterstützungswohnsitzes. Stadt= und Landgemeinden streben nach Entlastung ihrer Armenbudgets. Das ist ihr gemeinsames Ziel. Nur die vorgeschlagenen Mittel sind verschieden. Während sich die letzteren durch einen rasch eintretenden Verlust des Unterstützungswohnsitzes auf Kosten der Städte von einem bedeutenden Theile der Armenlasten zu befreien wünschen, verlangen die ersteren besonders eine Reform der ländlichen Armenpflege, d. h. eine Verbesserung derselben, um dadurch die Stadtarmenpflege weniger begehrenswerth erscheinen zu lassen.

Aus diesem Grunde ist von Seiten der Städte der Vorschlag gemacht worden, die ländliche Armenpflege auf größere Verbände zu übertragen. Dem steht aber entgegen, daß dann der wesentlichste Vorzug der ländlichen Armenpflege, die bei ihr obwaltende Individualisirung, die der städtischen mindestens gleichsteht, verloren geht. Ein Vortheil, dessen sich größere Verbände nicht rühmen können.

Den nothwendigsten Faktor einer gedeihlichen Armenpflege — die Individualisirung — einem größeren Verbande zu opfern, ist aber höchst bedenklich, umsomehr, als eine centralisirte Armenpflege, soweit sie sich nicht auf die geschlossene beschränkt, theurer, als eine individualisirende wirthschaftet. Die ländliche Armenpflege nach anderen Principien, als die städtische zu verwalten und sie größeren Verbänden zu übertragen, würde auch sonst von den nachtheiligsten Folgen begleitet sein. Die erstere zu centralisiren, die letztere zu decentralisiren, hier durch Bildung von Verbänden die individuelle Behandlung der Armen vernachläßigen, sie dort durch Verbandsausschluß erhöhen, würde nichts anderes heißen, als einen unheilvollen Dualismus, eine Zwittergestalt, in die Armenverwaltung hineintragen und noch zwei weitere Armenkategorien, Stadt= und Dorfarme, zu schaffen.

Selbstredend könnte die Bildung solcher Verbände, durch die dem Lande vermehrte Lasten aufgelegt würden, nur im Wege der Gesetzgebung erfolgen, welche aber solche, offenbar das Land be= und die Städte entlastende Bestimmungen schwerlich erlassen würde.

Verwirklicht könnte der Vorschlag: Ausgleichung der Armenlasten durch Bildung von Verbänden möglichst zu erreichen, unseres Erachtens nur dann werden, wenn Stadt und Land sich gemeinsam an der Bildung von Verbänden betheiligten, die Verbände möglichst groß und die individualisirende Methode für die offene Armenpflege beibehalten bleibt, weil sonst der hervorragendste Faktor, die Armenlast niederdrückende Faktor verloren gehen würde. Und hier ist auch in der That der Punkt, an dem die Gesetzgebung einzugreifen hat. Es gestattet zwar der § 3 des Gesetzes über den Unterstützungswohnsitz die Bildung von Gesammtverbänden; indessen ist von dieser Bestimmung fast kein Gebrauch gemacht worden; denn die in Neuvorpommern, Schlesien, Sachsen, Ostfriesland, Schleswig-Holstein, Hannover, Rügen und Braunschweig bestehenden, wenig umfangreichen Gesammtverbände haben schon vor dem Eintritt der Wirksamkeit des Gesetzes über den Unterstützungswohnsitz bestanden.[1]) Dadurch, daß diese Vorschläge den Landgemeinden eine größere Quote der Armenlast als bisher aufbürdeten, würde die Frage, ob die Landgemeinden fähig sind, eine vermehrte Armenlast zu tragen, auf der Tagesordnung erscheinen und angesichts des heutigen Standes der Landwirthschaft verneint werden müssen. Die Verwirklichung dieses Vorschlages scheitert also an der Prästationsfähigkeit der Landgemeinden.

d. Um eine anderweite Vertheilung der Armenlast oder richtiger ausgedrückt: eine Entlastung der Armenbudgets der Ortsarmenverbände zu erreichen, hat Abickes[2]) vorgeschlagen, die sämmtlichen Kosten derjenigen Unterstützungsbedürftigen, welche außerhalb ihres Unterstützungswohnsitzes unterstützt werden, auf die Landarmenverbände zu wälzen. Eine solche Bestimmung würde zwar die Gemeinden entlasten, aber eine reine Brutstätte für das wenig Sympathie genießende und nichts weniger als in gutem Rufe stehende Landarmenheer sein.

Der Vorschlag läuft darauf hinaus, daß das Verlassen einer Gemeinde den Verlust des Unterstützungswohnsitzes nach sich ziehen soll. Für kleinere Gemeinden würde diese Bestimmung nur ein neuer Reiz zur Abschiebung Unterstützungsbedürftiger sein. Dies ist ein Vorschlag so harter Natur, daß auf dessen Realisirung gar nicht zu rechnen ist und mit dem sich wohl nur die befreunden können, welche das Anschwellen der Unterstützungswohnsitzlosen oder Landarmen für förderfam oder wenigstens nicht für bedenklich erachten. Daß aber die Reform der Armengesetzgebung nicht darauf hinauslaufen darf, möglichst viele Unterstützungswohnsitzlose oder Landarme zu schaffen, und dieselben der mangelhaften Obhut der Landarmenverbände anzuvertrauen, nur damit die Gemeinden entlastet werden, dürfte im ersten Theil dieser Arbeit aus der Kritik des Landarmenwesens hervorgehen. Vielmehr sind umgekehrt Bestimmungen zu treffen, welche unterstützungswohnsitzlose Arme nicht kennen und den Landarmenverbänden bestimmte Kategorien von Armen und bestimmte Lasten zuweisen.

e. Eine Reihe von Vorschlägen, welche sich auf die Vertheilung der öffentlichen Armenlast beziehen, sind von Jolly[3]), der auf dem Boden des Reichsgesetzes über den Unterstützungswohnsitz steht, gemacht worden. Er sagt sehr richtig, daß eine natürliche Unterstützungspflicht vor Allem die Heimathgemeinde des Bedürftigen hat, in zweiter Linie der Heimathkreis, die Heimathprovinz und der Heimathstaat und in letzter Linie jeder höchste politische Verein, welcher in Deutschland durch das Reich dargestellt wird, und somit ist in Deutschland in letzter Linie das Reich unterstützungspflichtig, das jedoch wegen seiner Größe wenig befähigt ist, sich mit dem Unterstützungswohnsitzwesen zu befassen und sich deshalb durch die Einzelstaaten des Reichs vertreten läßt.

Nach diesen Erörterungen unterscheidet Jolly, ganz wie das Reichsgesetz, zwei Unterstützungsverpflichtete, nämlich die Heimathbehörde und den Landarmenverband, welcher an Stelle des Reichs die Unterstützungspflicht übernimmt. Die Unterstützungspflicht der Gemeinden soll nach fünfjährigem

---

[1]) Dr. J. Krech. Die Reichsgesetze über den Unterstützungswohnsitz, die Freizügigkeit ec. Berlin, J. Guttentag, 1885. S. 93 u. 97.

[2]) Abickes, die Vertheilung der Armenlast in Deutschland und ihre Reformen in der Zeitschrift für die gesammte Staatswissenschaft, Tübingen 1881, Seite 798.

[3]) Jolly, die Vertheilung der öffentlichen Armenlast, in der Zeitschrift für die gesammte Staatswissenschaft — Tübingen 1884.

Aufenthalt eines Individuums entstehen und nach einjähriger Abwesenheit desselben wieder verloren gehen, um dadurch die Schwierigkeit der Heimathermittelung zu verringern.

Das ist zweifellos ein Vorschlag, der den Gemeinden einen gewaltigen Theil der Armenlast abnehmen würde. Ihm steht aber das schwerwiegende Bedenken entgegen, daß Jeder, welcher seinen Unterstützungswohnsitz dauernd verläßt, eine unterstützungswohnsitzlose Zeit durchmachen und im Verarmungsfalle durch die Pforte des in vielen Kreisen der größten Abneigung begegnenden Landarmeninstituts wandern muß. Während durch die Bestimmung des Reichsgesetzes, daß ein neuer Unterstützungswohnsitz in derselben Zeit erworben werden kann, in welcher ein vorher besessener verloren geht, wenigstens die Möglichkeit des Ausschlusses einer unterstützungswohnsitzlosen Zeit gegeben ist, läuft der Jolly'sche Vorschlag auf das Gegentheil hinaus. Und während die Gemeinden jetzt zur Abwälzung eines bedürftigen Unterstützungsberechtigten denselben in einer anderen Gemeinde zwei Jahre heimlich unterstützen müssen, erreichen sie dasselbe Ziel schon in einem Jahre.

Dagegen ist ein anderer von Jolly, unter Hinweis auf die belgische Unterstützungswohnsitzgesetzgebung, gemachter Vorschlag, nach welchem denjenigen Gemeinden, die ohne eine natürliche Unterstützungspflicht, statt eines anderen Armenverbandes die unmittelbare Armenpflege leisten, eine Quote der Unterstützungskosten aufgebürdet werden soll, höchst beachtenswerth. Dadurch würde den Gemeinden ein Interesse auch denjenigen Personen gegenüber eingeflößt, welche sie nicht definitiv zu unterstützen brauchen. Darin läge nicht nur allein ein vortreffliches Mittel zur Sicherung der Sparsamkeit der unterstützenden Gemeinden, sondern auch zugleich ein indirekter, die Anwendung von Präventivmaßregeln sichernder, Zwang. — Undurchführbar erscheint uns der ebenfalls von Jolly gemachte Vorschlag, den Ersatzanspruch für verauslagte Armenkosten erst von 5 Mark an beginnen zu lassen, weil viele, besonders kleinere Gemeinden, um sich die Wiedererstattung zu sichern, der Versuchung nicht widerstehen könnten, anstatt 3, 4 oder 5 Mark einfach 6 Mark zu geben und die Armenpflege dadurch noch zu vertheuern.

Daß die Jolly'schen Vorschläge, durch die auch der § 29 des Reichsgesetzes über den Unterstützungswohnsitz, wonach Dienstboten, Gesellen, Gewerbegehilfen und Lehrlinge unter Umständen der Aufenthaltsgemeinde zur Last fallen, beseitigt werden soll, die Gemeinden bedeutend entlasten würden, ist zweifellos. Ob aber diese Entlastung, mit der nun Anschwellung des Landarmenheeres proportional gehen würde, als ein Vortheil für die Gemeinden betrachtet werden kann, dürfte sehr fraglich sein. Außerdem wendet sich aber der Vorschlag von der bayerischen Heimathgesetzgebung viel zu sehr ab und erschwert die wünschenswerthe Rechtseinheit.

III.

a. In Folge der Verschiedenheit der communalen Organisation, der ungleichen Leistungsfähigkeit der Gemeinden, sowie besonders wegen des Unterschiedes in den Gepflogenheiten zwischen der Stadt- und Landbevölkerung haben sich bezüglich der Ausführung der Armengesetzgebung große Differenzen ergeben. Das Maaß der Leistung der Ortsarmenverbände gegenüber den Armen ist daher ein höchst schwankendes, wodurch selbstredend die Vertheilung der Armenlast eine ungleiche werden muß. Diese durch die thatsächlichen Verhältnisse begründete Ungleichheit der Vertheilung der Armenlast wird nun noch gesteigert

— 29 —

durch die die Armenlasten abwehrenden Bestrebungen der Gemeinden, wie auch durch jene Maximen, welche „künstlich Arme schaffen" ¹).

Der große Unterschied in der Gewährung von Armenunterstützung wird klar und sprechend durch die hannover'sche Armenstatistik vom Jahre 1877 veranschaulicht. Nach ihr hat, wie Rocholl ²) anführt, für eine dauernd und vollständig unterhaltene Person im Jahre 1877 einen Armenaufwand von

441,86 Mk.		die Stadt	Nienburg,
344,00	„	„	„	Gifthorn,
341,20	„	„	„	Tannenberg,
260,90	„	„	„	Mohringen,
240,25	„	„	„	Hannover,
301,95	„	das Amt		Oldenstädt,
244,13	„	„	„	Osterholz,
68,00	„	die Stadt		Neustadt a/R,
45,00	„	„	„	Pattensen,
70,18	„	„	„	Nordheim

gehabt.

Die neueste Armenstatistik ³) von 67 deutschen Städten weist bezüglich der Zahl der Selbstunterstützten einen großen, die Ungleichheit der Armenlastvertheilung recht anschaulich illustrirenden Unterschied auf. Nach derselben kommen auf 10,000 Einwohner Selbstunterstützte
in Posen   618 als höchste
und in Bremerhafen   78 als niedrigste Zahl.

Noch anschaulicher tritt der Unterschied in der Gewährung von Armenunterstützungen durch die im Jahre 1885 aufgenommene, vom Kaiserlichen Statistischen Amt bearbeitete und soeben nach vollständigem Abschluß dieser Arbeit herausgegebene Statistik der öffentlichen Armenpflege im Jahre 1885 hervor.

Auf 100 Einwohner kommen von den Ortsarmenverbänden unmittelbar überhaupt Unterstützte ⁴)

Königreich Preußen:

Regierungsbezirk	Königsberg	4,02	darunter 2,37	Selbstunterstützte,
„	Gumbinnen	2,95	„ 1,66	„
„	Danzig	5,16	„ 3,02	„
„	Marienwerder	2,91	„ 1,62	„
„	Potsdam	2,62	„ 1,49	„
„	Frankfurt	2,48	„ 1,44	„
„	Stettin	3,96	„ 1,88	„
„	Cöslin	2,46	„ 1,31	„
„	Stralsund	5,12	„ 2,70	„
„	Posen	2,79	„ 1,50	„
„	Bromberg	2,75	„ 1,42	„
„	Breslau	4,03	„ 2,24	„

---

¹) Worte des Freiherrn von der Goltz auf dem Congreß des Vereins für Armenpflege und Wohlthätigkeit am 3. und 4. October 1884 in Weimar, vgl. Dr. G. Berthold, die Verhandlungen des deutschen Vereins für Armenpflege und Wohlthätigkeit in Schmoller's Jahrbuch für Gesetzgebung, Seite 165.
²) Rocholl, über die Reform des Armenwesens. Breslau 1880, Seite 25.
³) Social-Correspondenz 1884, No. 40.
⁴) Statistik des Deutschen Reichs. Neue Folge Bd. 29. Berlin 1887. S. 342 ff.

Regierungsbezirk	Liegnitz	2,76	darunter	1,65	Selbstunterstützte,
„	Oppeln	2,32	„	1,37	„
„	Magdeburg	2,73	„	1,54	„
„	Merseburg	2,02	„	1,12	„
„	Erfurt	2,52	„	1,79	„
„	Schleswig	3,70	„	2,14	„
„	Pommern	2,34	„	1,36	„
„	Hildesheim	2,23	„	1,30	„
„	Lüneburg	2,24	„	1,33	„
„	Stade	2,44	„	1,35	„
„	Osnabrück	2,39	„	1,26	„
„	Cassel	2,10	„	3,20	„
„	Wiesbaden	2,31	„	1,57	„
„	Coblenz	2,88	„	1,42	„
„	Düsseldorf	4,66	„	2,01	„
„	Cöln	4,74	„	2,52	„
„	Trier	1,96	„	0,98	„
„	Aachen	4,93	„	2,23	„
„	Sigmaringen	2,91	„	1,61	„

Königreich Bayern:

Regierungsbezirk	Oberbayern	2,55	„	1,59	„
„	Niederbayern	3,16	„	1,74	„
„	Pfalz	3,22	„	2,48	„
„	Oberpfalz	2,91	„	1,65	„
„	Oberfranken	2,38	„	1,41	„
„	Mittelfranken	3,11	„	1,83	„
„	Unterfranken	2,39	„	1,40	„
„	Schwaben	2,70	„	1,59	„

Königreich Sachsen:

Kreishauptmannschaft	Dresden	3,47	„	2,07	„
„	Leipzig	2,82	„	1,64	„
„	Zwickau	2,41	„	1,44	„
„	Bautzen	2,32	„	1,46	„

Königreich Württemberg:

Neckarkreis	3,22	„	1,81	„
Schwarzwaldkreis	2,72	„	1,62	„
Jagstkreis	2,89	„	1,68	„
Donaukreis	3,11	„	1,94	„

Auch in den übrigen deutschen Bundesstaaten sind die Ziffern innerhalb der einzelnen Verwaltungsbezirke höchst ungleiche.

Ebenso wie die Procentzahlen der einzelnen Regierungsbezirke bez. Kreishauptmannschaften und Oberamtsbezirke verschieden sind, so schwanken auch innerhalb der die Regierungsbezirke bildenden Kreise resp. Amtshauptmannschaften die Procentzahlen. So kommen z. B. in Preußen auf den Stadtkreis Danzig die höchsten Procentsätze, nämlich 11,57 Unterstützte überhaupt, darunter 7,03 Selbstunterstützte. Die Ausgaben für Armenzwecke betragen in Danzig auf den Kopf der Bevölkerung 3,59 Mk. Dagegen hat der Landkreis Harburg die niedrigsten Procentsätze, nämlich 0,77 überhaupt Unterstützte, darunter 0,61 Selbstunterstützte, während die Ausgaben für Armenzwecke auf den Kopf der Bevölkerung 1,32 Mark betragen.

— 31 —

Werfen wir nun einen Blick auf die Vertheilung der Armenlasten zwischen Stadt und Land, so erhalten wir für das Königreich Sachsen folgende Zahlen.[1]) Im Jahre 1880 hatten die Städte mit 1¼ Million Einwohnern 62 000 und das Land mit 1¾ Million Einwohnern nur 31000 Unterstützte. Nach den von Herrfurth angestellten Berechnungen[2]) für das Jahr 1883—1884 kommt auf den Kopf der Bevölkerung an Armenausgaben in den Städten 3,79 Mk. und auf dem Lande nur 0,82 Mk.

Im Jahre 1885 hatten im Geltungsgebiet des Unterstützungswohnsitz= gesetzes[3])

die Orts= armen= verbände
- städtischer Gemeinden mit 14,969,262 Einw. 46,549,551 Mk. Ausgaben,
- ländlicher „ „ 19,755,452 „ 17,736,333 „ „
- von Gutsbezirken „ 1,832,369 „ 3,176,196 „ „
- gemischte „ 3,314,067 „ 2,695,471 „ „

in Bayern
- die Stadtgemeinden „ 1,506,257 „ 3,423,224 „ „
- die Landgemeinden „ 3,913,942 „ 4,249,651 „ „

in Elsaß=Lothringen
- die Stadtgemeinden mit 514,723 „ 2,460,678 „ „
- die Landgemeinden „ 1,049,632 „ 527,228 „ „

Diese durchschnittlich geringere Belastung der Landgemeinden schließt natürlich nicht aus, daß viele unter ihnen unverhältnißmäßig hoch belastet und kaum oder überhaupt nicht im Stande sind, ihre Armenlasten zu tragen.

Nach der „Statistik der öffentlichen Armenpflege im Jahre 1885" wurden in genanntem Jahre unterstützt:[4])

im Geltungsgebiete des Unterstützungs= wohnsitzgesetzes durch Ortsarmenverbände	Personen:	% der Bevölkerung.
städtischer Gemeinden	793,084	5,30
ländlicher „	412,234	2,09
von Gutsbezirken	54,944	3,00
gemischte	68,954	2,08
in Bayern		
durch die Stadtgemeinden	55,458	3,68
„ „ Landgemeinden	96,092	2,46
in Elsaß=Lothringen		
durch die Stadtgemeinden	41,649	8,09
„ „ Landgemeinden	24,794	2,36

Nach derselben Quelle[5]) leisteten auf 100 Einwohner Ausgaben:

A. **Im Geltungsgebiet des Unterstützungswohnsitzgesetzes**

Orts= armenver= bände
- städtischer Gemeinden .... 311 Mark,
- ländlicher „ .... 90 „
- von Gutsbezirken .... 173 „
- gemischte .... 81 „

---

[1]) Böhmert. Ueber Armenstatistik in der Zeitschrift des Königl. Sächs. Statistischen Bureaus, 1882, Seite 44.
[2]) Zeitschrift des Königlich Preuß. Statistischen Bureaus 1884, Ergänzungsheft Seite 64 ff.
[3]) Statistik des Deutschen Reichs 1887 a. a. O. S. 25 u. 50.
[4]) Statistik des Deutschen Reichs 1887 a. a. O. S. 29.
[5]) Statistik des Deutschen Reichs 1887 a. a. O. S. 50.

B. In Bayern

Oertliche (der städtischen Gemeinden	.	227 Mark,
Armenpflege (der ländlichen	„ ..	109 „

C. In Elsaß-Lothringen

Oertliche (der städtischen Gemeinden	.	478 Mark,[1]
Armenpflege (der ländlichen	„ ..	50 „

Aus den angeführten Zahlen geht zweifellos die Ungleichheit der Armenlastenvertheilung hervor, welche theilweise eine grell in die Augen springende ist. Insbesondere beweisen die aus der Armenstatistik vom Jahre 1885 angeführten Ziffern, daß von den städtischen Ortsarmenverbänden im Verhältniß ein bei weitem größerer Theil der Bevölkerung als von den ländlichen und gemischten Ortsarmenverbänden resp. den aus Gutsbezirken gebildeten unterstützt worden ist, woraus jedoch nicht zu schließen ist, daß in den Städten im Verhältniß zur Bevölkerung mehr der öffentlichen Armenpflege Bedürftige als auf dem Lande wohnen. Denn es ist hier vor Allem in Betracht zu ziehen, daß die städtischen Ortsarmenverbände im Großen und Ganzen leistungsfähiger als die ländlichen sind und daher reichlicher unterstützen.

Um eine gerechtere und hauptsächlich eine gleichmäßigere Vertheilung der Armenlasten zu erzielen und insbesondere, um den mit Armenlasten überbürdeten Gemeinden eine Erleichterung zu gewähren, ist der Vorschlag gemacht worden, daß der Staat den Ortsarmenverbänden diejenigen Kosten der Armenpflege erstatten soll, welche über einen bestimmten Procentsatz der von ihnen gezahlten direkten Staatssteuern hinausgehen.[2] — Dieser Vorschlag ist in Baden gegenüber den Landarmenverbänden, welche dort von den Kreisen gebildet werden, verwirklicht worden. Sobald die zur Bestreitung der Landarmenkosten von den Kreisen erhobene Umlage einen bestimmten Procentsatz übersteigt, ist die Staatskasse verpflichtet, den Mehrbetrag auf Anfordern zu ersetzen.

Soll der obige Vorschlag auch den Ortsarmenverbänden gegenüber in der Weise zur Anwendung kommen, daß denselben eine merkliche Entlastung ihrer Armenbudgets zu Theil wird, dann muß der die Entlastung bedingende Procentsatz auf ein Niveau gestellt werden, welches unterhalb der Armenbudgets der meisten Ortsarmenverbände liegt, denn sonst würde die Bestimmung nur bekorativen Werth haben. Es soll durch sie erreicht werden, daß den Ortsarmenverbänden durchschnittlich Zuschüsse zur Bestreitung ihrer Armenlasten gezahlt werden. Dann liegt aber die Gefahr nahe, daß sich viele Gemeinden sagen werden: Unser Armenbudget übersteigt jenen Punkt, von welchem an der Staat subsidiär für uns eintritt. Für das Gemeindeinteresse ist es daher ganz gleichgültig, ob wir unseren Armen eine knappe oder reichliche Unterstützung gewähren. Weder in dem einen, noch in dem anderen Falle wird unser Budget dadurch berührt; wir unterstützen einfach reichlich auf Kosten des großen Staatssäckels.

Es ist sogar zu befürchten, daß durch eine zu freigebige Unterstützung in einzelnen Gemeinden der Arbeitslohn sinkt und die Industrie auf Kosten

---

[1] Es ist auffallend, daß in Elsaß-Lothringen die städtischen Gemeinden auf 100 Einwohner den höchsten Armenaufwand haben, trotzdem im Reichslande die Gemeinden nur Geisteskranke und Kinder mit zu unterstützen haben. Im Uebrigen ist die Unterstützung eine freiwillige.

[2] Silberschlag. Die preußische Armengesetzgebung und das Bedürfniß ihrer Weiterbildung. Arbeiterfreund 1879, S. 357.

der Allgemeinheit den Vortheil einsteckt. Ferner würde diese Vertheilung der Armenlasten den Gemeinden jeden Ansporn zur Anwendung von Präventivmaßregeln — die stärkste Vorhut gegen die Armenarmee — nehmen.

Aber noch ein Punkt ist es, welcher uns bestimmt, gegen diese Art der Armenlastenvertheilung Front zu machen. Diejenigen Gemeinden, bei denen das oben Gesagte zutrifft, verlieren jedes Interesse an der Klagerhebung gegen andere Ortsarmenverbände auf Wiedererstattung vorläufig ausgelegter Armenunterstützungsbeträge, weil die Rückerstattung unter allen Umständen vom Staate erfolgt. In zweifelhaften Fällen gebietet sogar das Gemeindeinteresse das Unterlassen der Klagerhebung, weil im Falle der Klagabweisung den Gemeinden die Kosten des Klagverfahrens zur Last fallen. Andererseits ist aber wieder zu besorgen, daß beklagte Gemeinden, deren Armenbudget über den erwähnten Punkt steigt, ohne weiteres die eingeklagten oder auch nur verlangten Unterstützungsbeträge erstatten. Warum auch nicht? Der Staat erstattet sie ihnen ja wieder.

Diese Einwendungen beweisen auf das Evidenteste, daß der Staat seine, den Gemeinden zu gewährende Beihilfe in seinem eigenen Interesse in der von uns kritisirten Art und Weise nicht spenden darf.

Unbedenklicher erschiene die Erstattung eines bestimmten Procentsatzes der gesammten Armenlast. Allein das wäre ein Vorschlag, welcher nicht den Charakter einer Nivellirung der Armenlast trüge, und welcher an dem ungleichen Verhältniß der Armenlastentragung nichts änderte, weil jedes Armenbudget eine proportionale Entlastung erführe, während die Entlastung hauptsächlich nur überlasteten Gemeinden zu Statten kommen soll.

Die Möglichkeit, den Gemeinden auf dieser Grundlage eine Beihilfe zu gewähren, würde dann gegeben sein, wenn der die Gemeinden entlastende Procentsatz progressiver Natur wäre. Es erübrigte dann nur zu bestimmen, daß von einem, im Verhältniß zur direkten Staatssteuer, bestimmten Punkte an die progressive Entlastung begönne, die aber, was noch richtiger wäre, auch schon bei der niedrigsten Armenlast wirksam sein könnte. Die Schwierigkeit läge nur in der richtigen Bemessung der progressiven Entlastungssätze. Das wäre aber nur eine Schwierigkeit allgemeiner Natur, mit der überall gerechnet werden muß, wo progressive Sätze zur Anwendung kommen. Näher wollen wir aber auf diese Frage nicht eingehen, weil unsere Reformvorschläge einer anderweiten Vertheilung der Armenlast zuneigen. Hier lag uns nur daran, nachzuweisen, daß es eine ganz unfruchtbare Idee ist, die von den Gemeinden zu tragenden Armenlasten im Verhältniß zu der von ihnen gezahlten direkten Staatssteuer — wir dürfen wohl sagen — zu contingentiren und die darüber hinaus gehende Armenlast dem Staate aufzubürden.

Der kritisirte Vorschlag ist also, trotzdem er einen Theil der Armenlast dem Staate zuschiebt und damit der Ansicht, daß die Armenlast staatlichen Charakters ist, ein weites Zugeständniß macht, wegen seiner voraussichtlichen Folgen unannehmbar.

b. Gleicher Grundanschauung entspringt der von Abickes[1]) gemachte Vorschlag, den Gemeinden die erste bedeutende Entlastung durch Abnahme gewisser Armenkategorien durch den Staat resp. den Landarmenverbänden zu Theil werden zu lassen und zwar derjenigen Armenkategorien, welche der individualisirenden Methode nicht bedürfen. Zu ihnen gehören vor allen Dingen

---

¹) Abickes, die Vertheilung der Armenlast und ihre Reformen. Zeitschrift für die gesammte Staatswissenschaft. Tübingen 1881.

die Anstaltsarmen mit Ausnahme der wiederherstellbaren Kranken und auch der Siechen, also die Irren, Blinden, Taubstummen, überhaupt alle total Arbeitsunfähigen, verwahrloste Kinder und Waisen. Die Letzteren selbst auch dann, wenn deren Erziehung und Unterbringung in geeigneten Privatfamilien der schablonenhaften Waisenhauspflege vorgezogen wird.

Nach dieser leicht durchführbaren Richtung hin bewegen sich denn auch in der neueren Fachlitteratur die Reformvorschläge [1]), deren Verwirklichung noch dadurch erleichtert erscheint, daß in den Landarmenverbänden die geeigneten Organe zur Ausführung der geschlossenen oder Anstaltsarmenpflege bereits vorhanden sind. Natürlich müßten die Landarmenverbände bezüglich ihrer Zusammensetzung und Verwaltung einer Reform, auf die wir im nächsten Theile eingehen, unterworfen werden.

c. Während die oben genannten Vorschläge nur einen Theil der Armenlasten dem Staate zuwälzen wollen, macht der bekannte Rocholl'sche Vorschlag [2]) der Ansicht, daß die Armenlast angesichts der Freizügigkeit eine Staatslast und keine Gemeindeindividuallast ist. das weiteste Zugeständniß. Nachstehend wollen wir seine, wie wir glauben, undurchführbaren Reformvorschläge, kurz kritisirend, darlegen.

Er verlangt, daß die Armenpflegelast, zum mindesten der materielle Theil derselben, gleichmäßig auf alle Staatsbürger vertheilt wird nach Verhältniß der Steuerkraft. Dies kann ohne Schwierigkeit so geschehen, daß periodisch unter allen Orts- und Landarmenverbänden sämmtlicher Bundesstaaten eine Ausgleichung stattfindet, durch welche das, was ein Verband nach Verhältniß seiner gesammten Staatssteuerkraft zu wenig aufgewendet hat, von ihm herausgezahlt, das, was er zu viel geleistet hat, ihm vergütet wird. — Richtiger wäre es, die Ausgleichung im ganzen Reiche zu bewirken. Allein, dies ist thatsächlich nicht ausführbar, weil die Steuerkraft nicht in allen Bundesstaaten gleich bemessen ist."

„Die Ausgleichung würde auf einem einfachen Rechenexempel beruhen. Die Armenlast müßte im Etat des betreffenden Bundesstaates aufgenommen und wie ein Etatgesetz behandelt werden, was den Vorzug hätte, daß das ganze Armenwesen der Controle der gesetzgebenden Faktoren unterstellt wäre. Ein solcher Vertheilungsmodus würde der Armenlast erst ihren wahren Charakter, den einer allgemeinen Staatssteuer geben und nothwendig zur Aufhebung des Unterstützungswohnsitzes und aller seiner Modificationen führen, sowie die ganze Casuistik des jetzigen Reichsgesetzes beseitigen und von den 64 Paragraphen desselben mindestens 55 überflüssig machen."

Die Kosten der Armenpflege sollen nach Rocholl durch eine direkte, von unten nach oben progressiv wechselnde Armensteuer aufgebracht werden, um durch die womöglich monatlich zu zahlende Steuer das Almosengeben an Bettler indirekt zu verhindern und um Jeden zwölfmal jährlich zum Bewußtsein zu führen, daß es eine wohlorganisirte Armenpflege giebt.

Es wird wohl keines weiteren Beweises bedürfen, daß eine nach diesen Grundsätzen geregelte Armenpflege, weil jede Gemeinde aus dem allgemeinen Staatssäckel wirthschaftet, einen gewaltigen Aufsichtsapparat erforderte, welcher immerhin nur oberflächlich funktioniren und eine rasche Steigerung der Armenlasten nicht verhindern könnte. Wenn aber gar durch eine progressive

---

[1]) von Reitzenstein; Ueber die Reform der ländlichen Armenpflege, Jahrbücher für Nationalökonomie und Statistik - 1886, Seite 155 ff.

[2]) Rocholl, über die Reform des Armenwesens, Breslau 1880.

Armensteuer¹) die Armenlast den Einzelnen vor Augen gehalten werden soll, dann müßte die Privatwohlthätigkeit völlig erlahmen.

Der Rocholl'sche Vertheilungsmodus würde eine verschwenderische, mindestens aber eine vertheuerte Armenpflege bedingen. Dies muß jedoch dadurch vermieden werden, daß die Gemeinden, die zur Ausführung der offenen Armenpflege delegirten und qualificirten Organe an der Tragung der Armenlasten participiren. Der Griff in die eigene Tasche ist der bedeutendste Faktor zur Niederhaltung der Armenlast. ²) ― ―

Aus den vorstehend kurz angegebenen und besprochenen Reformvorschlägen ist ersichtlich, daß dieselben einerseits durch Annäherung an die Heimathgesetzgebung den Gemeindesinn wieder heben und dadurch auch zugleich eine gerechtere Vertheilung der Armenlast erzielen und andererseits den Gemeinden die ganze oder theilweise Armenlast abnehmen und dem Staate aufbürden wollen.

Das sind auch in der That die Geleise, auf denen sich unseres Erachtens die Reform der Armengesetzgebung zu bewegen hat. Es handelt sich nur darum, das diesen Vorschlägen anhaftende Unausführbare auszumerzen, die goldene Mitte zu suchen und eine Combination der Vorschläge³), wodurch die dem Gesetze über den Unterstützungswohnsitz gemachten Vorwürfe theils ganz beseitigt oder gemildert würden, zu erreichen, welchen Versuch wir im letzten Theile wagen wollen.

IV.
Reformvorschläge.

Wir characterisirten im ersten Theile unserer Arbeit, indem wir uns die in dem Bericht der fünften Reichstagscommission von 1870, betreffend den Entwurf des Gesetzes über den Unterstützungswohnsitz, dargelegte Argumentation, „daß der Staat in seiner Gesammtheit ein großes wirthschaftliches Gebiet für die Thätigkeit aller seiner Angehörigen, für den freien Austausch ihrer Kräfte bildet; daß als wirthschaftliche Heimath das Vaterland in seiner Gesammtheit erscheint, und daß es der freien Willensbestimmung des Einzelnen überlassen bleibt, wie und wo er seine wirthschaftliche Thätigkeit entfaltet und zu diesem Behufe seinen Aufenthalt nehmen will," zu eigen machten, die Armenlast im Princip als eine Staatslast.

Die Fürsorge für die Armen ist ebenso eine Pflicht des Staates, wie die Gewährleistung seines Schutzes für die Sicherheit der Person und des Eigenthums. Beide Pflichten haben eine gemeinsame Unterlage: Die Staatsidee.

---

¹) Die Undurchführbarkeit der von Rocholl vorgeschlagenen Armensteuer ist nachgewiesen worden in der Abhandlung: „Die Armensteuer", von einem preußischen Fachmanne, in den Jahrbüchern für Nationalökonomie und Statistik. Jena 1881, Seite 565.

²) Im Jahre 1885 betrugen die Ausgaben der Armenverbände im gesammten deutschen Reich 92,452,517 Mark. S. Statistik des deutschen Reichs a. a. O. S. 50.
Wie hoch würde der jährliche Armenetat des deutschen Reichs wohl sein, wenn die Gemeinden nur auf Kosten des Staates die Armenpflege ausübten und ein direktes Interesse an der Niederhaltung der Armenlast nicht hätten?

³) Eine übersichtliche Zusammenstellung aller zur Reform der Armengesetzgebung gemachten Vorschläge enthält das vorzügliche Werk: Dr. Emil Münsterberg. Die deutsche Armengesetzgebung und das Material zu ihrer Reform in Schmoller's staats- und socialwissenschaftlichen Forschungen 1888.

Eine weitere Stütze enthält diese Anschauung, die auch in den zuletzt kritisirten Reformvorschlägen mehr oder weniger, direkt oder indirekt, sich Anerkennung errungen hat, durch die erweiterte Produktionsweise, die, indem sie über den Lokalbedarf und die nationalen Grenzen hinaus ging, eine nicht mehr an die Scholle gefesselte, sondern in ständiger Bewegung bleibende Bevölkerung schuf, welche schon allein aus diesem Grunde im Falle der Verarmung dem Staate und nicht den Gemeinden zur Last fallen sollte. Wenn man aber gar, wie Brentano[1]) und Schmoller,[2]) annimmt, daß in dem öffentlichen Almosen eine Ergänzung des Arbeitslohnes oder des Preises der Arbeit liegt, dann vermögen wir erst recht nicht einzusehen, weshalb die Armenlast eine Gemeindeindividual- und keine Staatslast sein soll.

Berücksichtigt man ferner, daß die Zahl derer, welche von der Hand in den Mund leben durch das heutige Erwerbsleben, dessen Signatur die Unsicherheit ist, sich eher vergrößert als verringert, und daß dieser Unsicherheit des Erwerbs wegen heute mehr wie je die Gefahr der Verarmung nahe liegt, so ist ein weiterer Grund für die Ansicht, daß die Armenlast als eine Staatslast anzusehen ist, gefunden. Denn angesichts des schwankenden Erwerbslebens, infolgedessen unvorhergesehen die Fluthwellen der Armuth ganze Arbeiterkreise erfassen können[3]), einzelne an diesem Zustande unschuldige Gemeinden durch Aufbürdung der entstandenen Armenlasten büßen zu lassen, dürfte sich wohl nicht gut vertheidigen lassen.

Auch der § 1, Theil II, Titel 19 des im Jahre 1794 eingeführten allgemeinen Landrechts[4]) für Preußen charakterisirt die Armenlast als eine Staatslast und zwar schon zu einer Zeit, wo in Folge der lokalen Produktionsweise, sowie des genossenschaftlichen und familiären Charakters der Gemeinden dazu noch gar keine Veranlassung vorlag.

Beweist denn nicht schon das Reichsgesetz, das einen nicht unbedeutenden Theil der Armenlasten dem Staate zuschiebt und das die Landarmenverbände befugt hat, besondere Armenlasten zu übernehmen, unsere Ansicht? Spricht nicht die allseitig verlangte Bildung größerer Verbände, die Inanspruchnahme der Verwaltungskörper höherer Ordnung für Zwecke der Armenpflege dafür, daß die herrschende Strömung einer anderen Regelung des Armenwesens zustrebt?

Die genossenschaftliche Gliederung, der Hauptgrund, welcher für die Ueberwälzung der Armenlasten auf die Gemeinden spricht, ist durch die Gewährung

---

[1]) Brentano, die Arbeiterversicherung gemäß der heutigen Wirthschaftsordnung. Leipzig 1879.

[2]) Schmoller, zur Geschichte der national-ökonomischen Ansichten in Deutschland während der Reformations-Periode. Zeitschrift für die gesammte Staatswissenschaft. Tübingen 1860, Seite 526.

[3]) Im Schönberg'schen Handbuch der politischen Oekonomie, III. Theil, 2. Aufl. 1885, S. 856, schildert Löning im Artikel: „Armenwesen" die heutigen Erwerbsverhältnisse wie folgt: „Das, was unsere Zeit von der Vergangenheit unterscheidet und, worin ihr schweres Gebrechen liegt, besteht darin, daß die Zahl derer, die in Gefahr schweben, der Armuth zu verfallen, in ungeheurem Maße gewachsen ist und immer mehr zu wachsen droht. Die moderne Industrie und der Fabrikbetrieb haben eine sociale Klasse hervorgerufen, die in allen Kulturländern schon heute einen bedeutenden Bruchtheil der Gesammtbevölkerung bilden. Die Existenzmittel der meisten Mitglieder dieser Klasse sind so gering, daß sie gerade nur zur Fristung des Lebens ausreichen. Sie sind aber zu gleicher Zeit so unsicher, daß die Möglichkeit, in völlige Erwerbslosigkeit und damit in Armuth zu verfallen, immer vorhanden ist."

[4]) § 1: Dem Staate kommt es zu, für die Ernährung und Verpflegung derjenigen Bürger zu sorgen, die sich ihren Unterhalt nicht selbst schaffen und denselben auch von anderen Personen, welche durch besondere Gesetze dazu verpflichtet sind, nicht erhalten können.

der Niederlassungsfreiheit ebenso aufgelöst worden, wie die Abgeschlossenheit der Gemeinden, welche trotz ihres Ranges als politische Körper im Staatsganzen mehr als früher aufgehen.

„Die historisch gegebene Grundlage unseres Armenwesens bildet eine staatliche, im Allgemeinen durch die Gemeinden geübte Armenpflege mit obligatorischem Charakter." [1])

Aber mit der bisherigen historischen Entwickelung, daß die Gemeinden die Armenpflege an Stelle des Staates geübt und die Kosten derselben getragen haben, begründen zu wollen, daß dies auch in Zukunft so sein müsse, das würde nichts anderes heißen, als die neuzeitliche Entwickelung ignoriren. Heute sind die Gemeinden allein unfähig, die gesammte Armenpflege zu leiten, theils mangels hinreichender Leistungsfähigkeit, theils mangels sachgemäßer Qualifikation. Die Zeiten sind eben andere geworden; mit dem Armenwesen sind wir auf einem Wendepunkt angelangt, welcher in der Geschichte desselben den Beginn eines ähnlichen Abschnittes bezeichnen wird, wie der Uebergang der Kirchgemeindearmenpflege auf die politische Gemeinde.

Im Princip ist also die Armenlast als eine Last des Staates zu betrachten, welcher die Sorge für die Armenpflege zu regeln hat. Angesichts dieser Argumentation läge nun die Annahme nahe, auch den Staat mit der Ausübung der Armenpflege zu betrauen. Indeß bedingt die Folgerung, daß Jemand Lasten zu tragen hat, nicht auch zugleich, daß er dazu berufen oder qualificirt ist, die mit der Lastentragung verknüpfte geschäftliche Behandlung zu übernehmen. Es ist eine anerkannte Thatsache, welche wir nur zu konstatiren brauchen, daß der Staat zur Ausübung der gesammten Armenpflege nicht geeignet erscheint; eine Behauptung, welche sich in den letzten Jahren durch Einbürgerung der individuellen Armenbehandlung nach dem sogenannten Elberfelder System noch mehr befestigt hat.

In England wird zwar die Armenpflege vom Staate ausgeübt, aber nur vermittelst Aufwendung eines gewaltigen und kostspieligen Verwaltungsapparats. [2]) Der unleugbare Vorzug der Staatsarmenpflege, daß sie überall Gleiches leistet und nicht, wie es großentheils in Deutschland der Fall ist, entweder mit der Prästationsfähigkeit der Gemeinden proportional läuft oder, wie dies meist in kleineren Gemeinden der Fall ist, von dem Willen der Leiter der Gemeinde abhängt oder gar, wie in Frankreich, dem classischen Lande der fakultativen Armenpflege, [3]) soweit nicht Geisteskranke und Kinder in Betracht kommen, für welche die Armenpflege obligatorisch ist, ihre Grenzen an den Zinsen der für die Armenpflege thesaurirten Kapitalien oder dem freiwillig geleisteten Beiträgen findet, wird hundertfach dadurch wieder aufgewogen, daß durch sie die Armenlast gesteigert und die Armenpflege durch den Ausschluß prophylaktischer Maßregeln vernachlässigt wird. Zwei Mißstände, welche der reinen Staatsarmenpflege in hohem Grade anhaften. Selbst ihre strengste Handhabung wird einer Steigerung der Armenlast nicht vorzubeugen vermögen. Sie wird stets den bureaukratischen Charakter an sich tragen und nicht viel mehr, als eine schematische, nach starren Grundsätzen geregelte Armenunterstützungsmethode sein, hinter welcher das düstere Workhaus steht, das „die

---

[1]) von Reitzenstein, „Die Armenpflege Frankreichs" in Schmoller's Jahrbuch für Gesetzgebung, 1881, Seite 1174.

[2]) Aschrott, „Das englische Armenwesen in seiner historischen Entwickelung" in Schmoller's staats- und socialwissenschaftlichen Forschungen, Bd. V. 1886, Heft 4.

[3]) von Reitzenstein, „Die Armenpflege Frankreichs" a. a. O. S. 553 ff.

Steuerzahler schützen soll gegen die Indolenz und Bequemlichkeitsneigung der Lokalbeamten, für deren Verwaltung das einfache Geldgeben bei weitem das Bequemste ist." [1])

Es liegt demnach im öffentlichen Interesse, daß der Staat als ausführende Organe der Armenpflege sich diejenigen wählt, welche, soweit er dazu selbst nicht befähigt ist, die beste Qualification dazu besitzen. Bezüglich der offenen oder Hausarmenpflege, d. h. derjenigen, bei der die individuelle Behandlung der Armen unumgänglich nothwendig ist, sind dies die kleinsten Organe im Staate, die Gemeinden, welche allein im Stande sind, in die persönlichen Verhältnisse der Verarmten einzudringen, ihre Lage zu würdigen und die im Einzelfalle entsprechenden Maßregeln zu ergreifen. **Die offene oder Hausarmenpflege ist, weil sie der eingehendsten Personal- und Lokalkenntniß bedarf, zu decentralisiren und den untersten Verwaltungskörpern zu übertragen.**

Dagegen bedarf die geschlossene oder Anstaltsarmenpflege, bei welcher die individuelle Behandlung ausgeschlossen, oder doch nur bis zur Aufnahme der Armen in die Anstalten von Werth ist, keiner Decentralisation. **Sie ist aus administrativen und finanziellen Gründen zu centralisiren.** Kleinere Gemeinden sind völlig außer Stande, die Anstaltsarmenpflege zu handhaben. Das größte Hinderniß ist finanzieller Natur. Deshalb sehen wir auch, daß nur größere, gut fundirte Gemeinden im Besitz von Krankenhäusern, Waisen-, Irren-, Blinden-, Taubstummenanstalten und Arbeitshäusern sind und daß die geschlossene Armenpflege schon jetzt sehr oft größeren Verbänden fakultativ übertragen ist, welche vermöge ihrer Größe und Mittel die Anstalten am zweckmäßigsten einrichten, sich ein geschultes Verwaltungspersonal schaffen können und deshalb selbstredend auf diesem Gebiete der Armenpflege Erklecklicheres als die Gemeinden leisten.

Die Armenpflege theilt sich also in die offene oder Hausarmenpflege und in die geschlossene oder Instituts- resp. Anstaltsarmenpflege.

Die offene Armenpflege, welche das eigentliche Unterstützungswesen umfaßt und sich nicht damit begnügen darf, die Verarmten zu unterstützen, sondern die, wenn sie von gedeihlicher und ersprießlicher Wirksamkeit sein soll, auch die Armuthsursachen erforschen und der Armuth vorbeugen soll, ist ihrer intensiveren Natur wegen zu decentralisiren und den Gemeinden zu übertragen. Letztere können hier ihre vollen Expansionskräfte zur Bekämpfung der Armuth zur Entfaltung bringen, sowohl hinsichtlich präventiver Maßregeln, als auch, um die unwirthschaftliche Zersplitterung der freiwilligen Armenpflege möglichst zu verhindern, sie an die Gemeindearmenpflege compakt anzuschließen, und in weiten Kreisen der Erkenntniß Bahn zu brechen, daß die Verzettelung von Gaben, das kritiklose Almosenspenden, welches Lammers [2]) mit einem scharfen Ausdruck: „die Anarchie der Wohlthätigkeit" nennt, die Armuth nicht mindert, sondern großzieht.

Die Anstaltsarmenpflege hingegen ist ihres einheitlichen, geschlossenen Charakters wegen zu centralisiren und dem Staate oder größeren, den Staat vertretenden Verbänden, worauf wir später zurückkommen, zu übertragen.

---

[1]) Gneist, „Geschichte und heutige Gestalt der englischen Kommunalverwaltung, 1883, 2. Auflage, Seite 1067.

[2]) Lammers, „Fortschritte in der Armenpflege", Preußische Jahrbücher 1879, Band 43, Seite 526.

Wir hätten also gefunden, daß die offene Armenpflege der nöthigen Decentralisation wegen von den Gemeinden, die geschlossene der nöthigen Centralisation wegen vom Staate oder größeren ihn vertretenden Verbänden zu handhaben ist. Die nächst wichtige, sich uns aufdrängende Frage ist nun diejenige, welche die **Aufbringung der Armenlasten** betrifft.

Die Kosten der geschlossenen Armenpflege dürften ohne jedes Bedenken im wesentlichen dem Staate resp. den ihn vertretenden Verbänden, auf deren Bildung wir später zurückkommen, zu übertragen sein. Jedoch dürfte es sich empfehlen, die Gemeinden an der Tragung dieser Armenlasten, bezüglich der in ihnen beheimatheten oder unterstützungswohnsitzberechtigten Hülfsbedürftigen in einem geringen Maße deshalb theilnehmen zu lassen, weil auch bezüglich der dieser Armenpflege angehörenden Kranken insofern eine individuelle Thätigkeit nöthig ist, als vor der Ueberweisung dieser Armen an die Anstalten ihre Verhältnisse festzustellen sind. Auch über später eintretende Aenderungen, besonders in den Vermögensverhältnissen dieser Armen ist eine stete Orientirung nöthig, die hauptsächlich durch die pekuniäre Betheiligung der Gemeinden an diesen Armenlasten zu erreichen ist.

Derselbe Grund, welcher für die pekuniäre Heranziehung der Gemeinden zu den Kosten der geschlossenen Armenpflege spricht, ist in noch höherem Grade für die pekuniäre Betheiligung der Gemeinden an der offenen Armenpflege geltend zu machen.

Wir haben vorhin gefunden, daß für die rationelle Handhabung der offenen Armenpflege die Gemeinden die beste Qualifikation besitzen, denen sie deshalb vom Staate übertragen werden muß.

Die Qualifikation bedingt aber nur die Befähigung zur sachgemäßen Ausführung irgend einer Sache; keineswegs aber gewährt sie Garantie für die sachgemäße Ausführung selbst. Qualifikation schließt das Können, nicht das Wollen ein. Der Staat muß daher, wenn er die Gemeinden zur Ausführung der offenen Armenpflege delegirt, nach einem Mittel suchen, welches die zur Handhabung der offenen Armenpflege qualificirten und delegirten Organe zwingt, auch ihrer Befähigung entsprechend zu handeln und dieser Motor, der bestimmte Garantieen für eine geordnete, nach richtigen Principien geleitete, weder zu freigebige, noch präventive Maßregeln vernachläßigende Armenpflege bietet, liegt in der Tragung der Armenlasten durch die ausführenden Organe.

Im ersten Theile unserer Arbeit ist nachgewiesen, daß die Armenunterstützung nicht als der Entgelt genossener wirthschaftlicher Vortheile, welche den Orts= resp. Landarmenverbänden zu gute gekommen sein sollen, betrachtet werden kann, und daß daher die daraus gezogene Folgerung, daß die Armenverbände deshalb die Armenlast zu übernehmen hätten, jeder sie stützenden Unterlage entbehrt. Noch viel weniger kann aber, wie wir ebenfalls im ersten Theile nachgewiesen haben, die Qualifikation zur Ausübung der Armenpflege einen Grund für die Ueberwälzung der Armenlast auf die Gemeinden abgeben.

Die ganze oder theilweise Uebernahme der durch die offene Armenpflege entstehenden materiellen und immateriellen Kosten durch die Gemeinden ist nur durch die damit verknüpfte Sicherung sachgemäßer, der Qualifikation der Gemeinden entsprechender Armenpflegeverwaltung zu motiviren. Das ist unseres Erachtens der einzige Grund, welcher sich für die Tragung dieser Armenlasten durch die Gemeinden geltend machen läßt, und welcher dem Emporschnellen der Armenlasten am wirksamsten entgegen wirkt. Der Grund ist wichtig genug, um die durch die offene Armenpflege entstehenden Armenlasten im wesentlichen den Gemeinden als delegirten Organen des Staates zu überwälzen.

Auch das Reichsgesetz über den Unterstützungswohnsitz scheidet die Armenlasten in Gemeinde- und in Staatslasten. In Staatslasten direkt da, wo, wie im Königreich Sachsen und den meisten kleineren Staaten, die Funktionen der Landarmenverbände vom Staate selbst übernommen worden sind, und indirekt da, wo Kommunalverbände höherer Ordnung als Landarmenverbände fungiren; in Gemeindelasten da, wo den Gemeinden resp. den Gutsbezirken die Funktionen der Ortsarmenverbände übertragen worden sind.

Diese Scheidung ist aber unmethodisch und systemlos, weil als Kriterium für dieselbe eine willkürlich gegriffene Aufenthaltsdauer maßgebend ist.

Auf die verschiedenartige Qualifikation der Land- und Ortsarmenverbände zur Ausführung der Armenpflege, das einzige für die Theilung der Armenlasten maßgebende Unterscheidungsmerkmal, hat das Reichsgesetz bei der Festsetzung der Träger der Armenlasten gar keinen Werth gelegt. Die Träger der Armenlasten bestimmen sich in jedem Falle durch die Zufälligkeit der Dauer des Aufenthalts eines Unterstützten in einem Armenverbande, sodaß die Landarmenverbände sehr oft Träger solcher Lasten sind, welche bei rationeller Handhabung der Armenpflege den Ortsarmenverbänden zukommen müßten, wie auch umgekehrt Ortsarmenverbände zu Trägern solcher Lasten werden, welche den Landarmenverbänden zu überweisen wären.[1])

Mit unserer Scheidung der Armenpflege glauben wir den thatsächlichen Verhältnissen gerecht zu werden und jedem in Betracht kommenden Faktor — Staat und Gemeinde — das Richtige zugewiesen zu haben. Von einer Staatsarmenpflege kann nach dieser Scheidung ebensowenig die Rede sein, wie dies nach dem Reichsgesetz, dem Staate ebenfalls Lasten zuwälzt, der Fall ist. Diese Scheidung ist weiter nichts, als ein nothwendiger Schritt nach vorwärts in der Entwickelung des Armenwesens.

Was das Reichsgesetz durch das Landarmeninstitut dem Staate verklausulirt zuwälzt, das schieben wir ihm direkt nach einer systematischen Gliederung zu. Keine uns bekannte Gesetzgebung der Neuzeit stellt den Staat außerhalb des Bereichs der Theilnahme an den Armenlasten, nicht einmal Frankreich, wie wir oben erwähnt haben. Es wird eben überall die Unmöglichkeit eingesehen, die Armenlasten allein der politischen Gemeinde aufzubürden. Fast sämmtliche Reformvorschläge, die gemacht worden sind, erkennen dies an. Die Form, in welcher dies ausgesprochen wird, ist gleichgültig. Ob dies, wie es v. Marschall[2]) vorschlägt, durch arbiträre Beiträge aus einer Landesunterstützungskasse an die Gemeinden oder, wie er weiter will, durch Rückerstattung bestimmter Armenlasten an die Gemeinden, oder nach Anderen durch Erstattung der ein Limitum überschreitenden Armenlasten geschieht, ändert an

---

[1]) Im Geltungsgebiet des Unterstützungswohnsitzgesetzes waren von den im Jahre 1885 durch die Armenverbände verpflegten 1,367,347 Personen
288,426 Personen oder 21,1% in geschlossener Armenpflege und
1,078,921 „ „ 78,9% „ offener „
Von den speciell durch die Landarmenverbände unterstützten Personen gehörten
58,7% der geschlossenen Armenpflege und
41,3% „ offenen „ an.
Und von den speciell durch die Ortsarmenverbände unterstützten Personen waren
20% in geschlossener Armenpflege und
80% „ offener „
S. Statistik des Deutschen Reichs 1887 a. a. O. S. 35.

[2]) v. Marschall, a. a. O. S. 16.

der Sache nichts. Das Prinzip, die Armenlast lediglich als eine Gemeindelast anzusehen, ist damit durchbrochen. Das ist das nothwendige Zugeständniß, welches die Zeit verlangt und das die Einen direkt, die Anderen indirekt machen, und unter dem, wie wir später sehen werden, die moralischen, bei der Armengesetzgebung in Betracht kommenden Potenzen nicht zu leiden brauchen. —

Zur geschlossenen Armenpflege rechnen wir folgende Armenkategorieen:
1. arme Blinde,
2. arme Taubstumme,
3. arme Waisen und verwahrloste Kinder,
4. arme Irre und
5. gänzlich Arbeitsunfähige.

Diesen Armen gegenüber ist die Anwendung von Präventivmaßregeln ausgeschlossen und deshalb sind sie, unbeschadet der vorläufigen Unterstützungspflicht der Ortsarmenverbände, den Landarmenverbänden, welche wir unter dem veränderten Namen: „Staatsarmenverbände" und unter veränderter, mehr einheitlicher Organisation fortbestehen lassen wollen, zu überweisen. Da unsere Vorschläge, wie wir hier einfließen lassen wollen, den Landarmen gänzlich ausschließen, wodurch die Landarmenverbände von ihren bisherigen Armenlasten gänzlich befreit würden, so dürfte es nur gerecht und billig sein, ihnen für diese Entlastung die obige, zweckentsprechende Armenpflege, welche als Institutspflege bezeichnet wird, und naturgemäß von größeren Verbänden am sachlichsten und billigsten ausgeübt werden kann, zu überweisen.

Durch die Uebernahme dieser Armenkategorieen von den Staatsarmenverbänden fiele eine große Zahl jener berechtigten Klagen weg, welche besonders gegen die Landgemeinden und gegen kleinere Städte wegen ungenügender, vernachlässigter oder gänzlich unterlassener Ausübung der Armenpflege mit Recht erhoben werden.[1])

Die Funktionen der Staatsarmenverbände übernehmen, sofern dies durch die Größe des Staatsgebietes nicht ausgeschlossen ist, die Bundesstaaten selbst, sonst gehen die Verpflichtungen der Staatsarmenverbände auf die Provinzen über. Diesen Vorschlägen entsprechen schon jetzt die Landarmenverbände in Preußen, woselbst, von der Provinz Ostpreußen und einigen Ausnahmen abgesehen, den Provinzen die Funktionen der Landarmenverbände übertragen sind, ferner im Königreich Sachsen, in Mecklenburg-Schwerin, Braunschweig, Sachsen-Weimar, Sachsen-Altenburg, Sachsen-Coburg-Gotha, Anhalt, Schwarzburg-Sondershausen, Schwarzburg-Rudolstadt, Reuß ältere und jüngere Linie, Lippe, Schaumburg-Lippe, Lübeck, Bremen und Hamburg, woselbst der Staat die Funktionen der Landarmenverbände übernommen hat. Nur in Württemberg, Baden, Hessen und einigen kleineren Staaten würden die Miniaturlandarmenverbände aufzuheben und ihre Funktionen dem Staate zu übertragen sein. Demnach würden nach dieser Organisation in Preußen 13 Staatsarmenverbände, welche seinen Provinzen entsprechen, und in den übrigen Staaten je ein Staatsarmenverband, welcher aus dem Staatsgebiet gebildet, ist, im Ganzen also 36 Staatsarmenverbände funktioniren.

Zur Zeit bestehen in Deutschland 189[2]) Landarmenverbände, deren

---

[1]) Hinsichtlich dieser Verhältnisse verweisen wir auf Döll: „Die Reform der Armenpflege", Bremen 1880, und besonders auf Ziller: „Zur Reform der ländlichen Armenpflege" — Armenpflegerkongreß — Drucksache Nr. 10 — 1884.

[2]) Statistik des Deutschen Reiches 1887 a. a. O. S. 134.

kleinster (Kreis Pyrmont) kaum 8 Tausend und deren größter (Rheinland) über 4 Millionen Einwohner besitzen.[1])

Da von der Größe der Staatsarmenverbände ihre Leistungsfähigkeit abhängt, so dürften sich kleinere nicht empfehlen, umsoweniger, weil mit der Größe die Leistungsfähigkeit in einem größeren als proportionalen Maße wächst. Daher wäre die Vereinigung mehrerer an einander liegender kleinerer Staaten zu einem Staatsarmenverbande wünschenswerth. Dies ist aber wegen der Schwierigkeit der Verständigung über den Maßstab der Kostenvertheilung kaum möglich. Indeß würde auch schon durch die aus den gemachten Vorschlägen resultirende Verminderung der bisherigen Landarmenverbände die Verwaltung mehr centralisirt, einheitlich gestaltet und leistungsfähiger gemacht. Das hat man auch da eingesehen, wo hinsichtlich dieser Verhältnisse Erfahrungen gemacht werden konnten.

Die Neigung nach Bildung größerer Verbände ist in England, dem classischen Lande der Staatsarmenpflege, unverkennbar.

„Die heute bestehenden Armenverbände", sagt Aschrott,[2]) „verdanken ihre Entstehung dem Armengesetze von 1834, welches in der Herstellung größerer Bezirke die wesentliche Unterlage für die nothwendige Reform des Armenwesens erblickte", und ferner, „daß die nachfolgende Gesetzgebung immer weitere Kosten von dem Kirchspiele auf die Union überträgt, bis schließlich das Gesetz von 1865 die ganze Armenlast zu einer gesammten Angelegenheit der Union macht und die Union zur alleinigen Trägerin der Armenlast erhebt."
— „Im Jahre 1879 wurde die Vereinigung mehrerer Armenverbände gestattet und die neuen gesetzlichen Vorschriften machen der Strömung nach der Bildung größerer Verbände die Concession, das Armenwesen oder doch wenigstens die sogenannte geschlossene Armenpflege noch größeren Distrikten zu übertragen." In England bestehen zur Zeit nur 647 Armenbezirke.

Auch in Preußen tritt uns dieselbe Erscheinung entgegen, indem dort mehrere Armenverbände verschmolzen wurden.[3]) Im Art. 15 des Ausführungsgesetzes für Württemberg vom 17. April 1873 ist ebenfalls auf die Bildung größerer Verbände durch die einleitenden Worte hingewiesen worden: „Bis zur Constituirung größerer Verbände u. s. w."

Dieselbe Strömung tritt uns auch in Hannover entgegen, wo auf Grund des § 83 des Hannover'schen Landgemeindeverfassungsgesetzes mehrere Gemeinden zu einem Verbande behufs Bestreitung der außerordentlichen Armenlasten vereinigt werden konnten. Ebenso ist in Baden[4]) das Verlangen nach Bildung größerer Verbände stark hervorgetreten. —

Die vorgeschlagene Organisation der Staatsarmenverbände weicht von der der bestehenden Landarmenverbände kaum ab, sie lehnt sich an das Vorhandene, worauf wir großen Werth legen, eng an und schafft selbst durch die Ueberweisung bestimmter Armenkategorieen auf die Staatsarmenverbände insofern keine Neuerung, als die Landarmenverbände nach vielen Ausführungsverordnungen der Bundesstaaten zu dem Gesetz über den Unterstützungswohnsitz zur Uebernahme der vorgenannten Armenkategorieen befugt oder angewiesen worden sind.

---

[1]) Statistik des Deutschen Reiches 1887 a. a. O. S. 126 ff.
[2]) Aschrott, „Das englische Armenwesen in seiner historischen Entwickelung." s. a. a. O. S. 182 ff.
[3]) Abickes, „Die Vertheilung der Armenlast in Deutschland und ihre Reform;" a. a. O. S. 734.
[4]) Abickes, a. a. O. S. 735.

So sind beispielsweise in Preußen[1]) die Landarmenverbände befugt, die Kosten für Geisteskranke, Idioten, Taubstumme, Sieche und Blinde unmittelbar zu übernehmen. Eine gleiche Befugniß[2]) wird den 64 württemberg'schen Landarmenverbänden bezüglich der Uebernahme Geisteskranker, Geistesschwacher oder an Epilepsie oder ähnlichen Krankheiten leidender Personen, verwahrloster Kinder und Taubstummer ertheilt.

Während diese beiden Staaten ihren Landarmenverbänden nur die Befugniß einräumen, die genannten Armenkategorieen in direkte Fürsorge zu übernehmen, bestimmt Oldenburg[3]), daß Geisteskranke, Idioten, Taubstumme und Blinde unbedingt in die Fürsorge der Landarmenverbände überzugehen haben. Ebenso haben die Landarmenverbände Meiningen's[4]) die Fürsorge für Geisteskranke, Idioten, Taubstumme direkt zu übernehmen, während ihnen außerdem noch die Befugniß ertheilt wird, in den Rahmen ihrer Wirksamkeit Sieche und Kranke zu ziehen. Am weitesten in dieser Hinsicht geht Anhalt[5]), welches bestimmt, daß auf Kosten des Landarmenverbandes erhalten werden müsse:
1. eine Irrenheilanstalt zur Aufnahme sowohl der heilungsfähigen und unheilbaren Irren,
2. ein Siechenhaus zur Aufnahme von Blödsinnigen, Idioten und solchen Blödsinnigen, welche an Epilepsie oder anderen unheilbaren und ekelerregenden oder ansteckenden bezw. völlig hilfsbedürftig machenden Krankheiten leiden,
3. eine Taubstummenerziehungsanstalt,
4. eine Blindenerziehungsanstalt,
5. eine Idiotenanstalt, endlich
6. eine Erziehungsanstalt für verwahrloste Kinder.

Ferner ist den Landarmenverbänden in den Ausführungsverordnungen der einzelnen Bundesstaaten ein subsidiäres Eintreten für die Ortsarmenverbände offen gelassen worden.

Der Boden für die vorgeschlagene Wirksamkeit der Staatsarmenverbände würde also schon geebnet sein, sodaß überraschende Uebergangsstadien nicht zu befürchten wären. Die endgiltige Entscheidung über die Kategorie der Armen möchten wir im Streitfalle am liebsten dem Amtsphysikus überwiesen sehen. —

Aus den vorstehenden, den Staatsarmenverbänden überwiesenen Funktionen ergeben sich auch die von ihnen zu tragenden Lasten, an denen die Gemeinden bezüglich der in ihnen heimathberechtigten Personen aus den vorher erörterten Gründen zu einem Fünftel zu participiren haben. Was die Art der Aufbringung der von den Staatsarmenverbänden zu tragenden Lasten angeht, so würde an dem bisherigen für die Landarmenverbände gültigen Modus festzuhalten sein, nach welchem die von den Staatsarmenverbänden aufzubringenden Mittel vom Staate resp. von den Provinzialverbänden zu beschaffen sind.

Schwieriger ist schon die Beantwortung der Frage, nach welchem Princip oder System die Gemeinden die durch die offene Armenpflege entstehenden Lasten tragen sollen. Daraus, daß die Armenlast im Princip eine Staatslast ist, von dem aber bei der offenen Armenpflege aus den vorerwähnten Gründen

---
[1]) § 31 des Ausführungsgesetzes vom 8. März 1871.
[2]) Artikel 21 des Ausführungsgesetzes vom 17. April 1873.
[3]) Revidirte Gemeindeordnung vom 15. April 1873.
[4]) Artikel 9 und 10 des Ausführungsgesetzes vom 24. Februar 1872.
[5]) Ausführungsgesetz vom 29. Juni 1871, § 23.

abgewichen werden muß, ergiebt sich zunächst, daß die von den Gemeinden zu tragende Armenlast, wie wir im ersten Theile ausgeführt haben, analog einer Staatslast vertheilt werden muß. Außer diesem finanziellen Momente kommen aber auch noch sittliche in Betracht, welche die Art der Armenlastvertheilung beeinflussen und selbstredend dem finanziellen mindestens gleich stehen. Es handelt sich darum, beide in Einklang zu bringen.

Das finanzielle Moment bedingt möglichst gleichmäßige Vertheilung der Armenlast, das sittliche erheischt, daß den Verarmten ein Halt an einem Gemeinwesen gegeben wird. Naturgemäß kann dies nur dasjenige sein, welches ihnen am nächsten steht. Das ist die Heimath, welche der Mittelpunkt der obligatorischen Armenpflege sein und, um einen modernen Ausdruck zu gebrauchen, zum Unterstützungswohnsitz erhoben werden muß. Soll die Gemeinde zur Armenunterstützung designirt werden, so muß zunächst Jeder eine Heimath besitzen. Das Gefühl der Heimath entwickelt sich durch fortgesetzten persönlichen Verkehr in einer Gemeinde mit den übrigen Gemeindegenossen. Von je längerer Dauer diese persönlichen Beziehungen sind, um so intensiver wird das Heimathsgefühl, die Liebe zur Heimath auftreten. Die Heimath wird also durch eine nicht allzukurz bemessene Aufenthaltsdauer begründet. Die Heimath in erster Linie an die Geburt knüpfen zu wollen, ist hinsichtlich der Beweglichkeit der Bevölkerung unmöglich. Wir würden dann das Schauspiel erleben, daß in fluktuirenden Arbeiterfamilien ein Kind in diesem, das andere in jenem Orte und die Eltern in einem dritten heimathberechtigt wären, während wohl darüber kein Zweifel herrschen kann, daß die unmündigen Familienmitglieder an den Civilverhältnissen des Familienoberhauptes theilnehmen müssen, wie dies auch nach der bayrischen Heimathsgesetzgebung der Fall ist, welche eine nur an den Geburtsort gebundene Heimath nicht kennt. Daß die Heimath vom Aufenthalt abhängig gemacht werden muß, lehrt uns ein Blick auf die Beweglichkeit der Bevölkerung Deutschlands, deren Kenntniß uns höchst schätzbares Material für die Armengesetzgebung liefert.

Die Beweglichkeit der Bevölkerung Deutschlands wird durch folgende Zahlen [1]) zur Veranschaulichung gebracht.

Von der Gesammtbevölkerung wohnten außerhalb ihres Geburtsortes nach der 1888 stattgehabten Zählung in:

I. Gebiete mit sehr beweglicher Bevölkerung.

Ostpreußen	55 %,
Pommern	55 %,
Westpreußen	53 %,
Posen	53 %,
Mecklenburg	53 %,
Schleswig-Holstein	52 %,
Schlesien	47 %.

II. Gebiete mit mäßig seßhafter Bevölkerung.

Provinz Sachsen, Braunschweig und Anhalt	45 %,
Brandenburg und Berlin	43 %,
Hannover	41 %,

---

[1]) Die Zahlen sind entlehnt einem in Schmoller's Jahrbuch für Gesetzgebung — 1886, Seite 628 und 629 enthaltenen Auszug aus der statistischen Monatsschrift. Wien, Jahrgang 10, Heft 6, „Ueber die Wanderbewegung der centraleuropäischen Bevölkerung", von Albert von Randow.

Bayern	41 %,
Sachsen	40 %,
Württemberg	40 %.

III. Gebiete mit seßhafter Bevölkerung.

Westphalen	36 %,
Thüringen	35 %,
Rheinlande	32 %,
Hessen-Nassau	31 %,
Baden	31 %.

IV. Gebiete mit sehr seßhafter Bevölkerung.

Elsaß-Lothringen	26 %,
Hessen-Darmstadt	25 %.

Wenn auch zugegeben werden muß, daß die Zahlen wegen der verschiedenen Größe der Territorien, die sie betreffen, keinen exakten Vergleich der beweglichen Bevölkerung der einzelnen Länder resp. Provinzen unter einander zulassen, so wird doch an ihrer annäherungsweisen Richtigkeit nicht zu zweifeln sein. Die Beweglichkeit der Bevölkerung steigert sich von Süden nach Norden, wodurch es sich zugleich erklärt, daß der Norden Deutschlands resp. Preußen die Ansicht, daß die Gewährung der Armenunterstützung der Aufenthaltsgemeinde zugewiesen werden muß, schärfer als die süddeutschen Staaten vertritt. —

Welche Aufenthaltsdauer in einer Gemeinde nöthig ist, um das Heimathgefühl zu erwecken, ist um so schwieriger zu bemessen, als hier die Charaktereigenschaften der einzelnen Individuen maßgebend sind. Ein zweijähriger Aufenthalt in einer Gemeinde dürfte aber wohl kaum als genügend erachtet werden, um eine tiefer wurzelnde Anhänglichkeit des Einzelnen an die Gemeinde zu schaffen, um ein fester bindendes Glied zwischen Gemeinde und Einwohnern zu bilden und um die Wechselbeziehungen zwischen Einwohnern und Gemeinde nicht nur als eine Aeußerlichkeit erscheinen zu lassen, welche lediglich in gesetzlicher Form ihren Ausdruck findet, sondern die sich auch in der lebendigen Hingabe der Gemeinde zu ihren Angehörigen und umgekehrt äußert. Je länger die zur Erwerbung der Heimath nöthige Frist bemessen wird, je mehr kommt man dem Ideal nahe, daß die gesetzliche Heimath auch die natürliche ist, um so schließender und enger wird das Band zwischen Gemeinde und Einwohnern um so klarer und offenkundiger sind die Verhältnisse der Einzelnen zu durchdringen; ein Vortheil, welcher besonders hinsichtlich praeventiver Maßregeln, von nicht zu unterschätzender Wichtigkeit ist. Ein fünfjähriger Aufenthalt in einer Gemeinde dürfte aber wohl als ausreichend zur Erwerbung der Heimath oder des Unterstützungswohnsitzes anzusehen sein.

Wir geben dem letzteren Ausdruck um beswillen den Vorzug, weil er sich in Preußen bereits seit 1842 und im übrigen Deutschland — Bayern und Elsaß-Lothringen ausgenommen — seit 1870 eingelebt hat und weil bem Worte „Heimath", seitdem die Angehörigkeit zu einer Gemeinde immer mehr in der zum Staate aufgeht, nicht mehr die Bedeutung wie ehemals zukommen kann.

Frühere Gesetzgebungen wälzten die Armenlast der Heimathgemeinde um beswillen zu, weil die Einrichtung der Heimath schon vorhanden war. „Die Armen-

unterſtützung wurde aus einer Urſache der Einrichtung der Heimath zu einer
Wirkung derſelben" ¹), während heute die Verhältniſſe ſo liegen, daß aus der
Urſache der Unterſtützung der Armen als Wirkung eine geſetzliche Heimath, die
der natürlichen möglichſt entſpricht, hervorgehen ſoll. In Anbetracht dieſer Ver=
hältniſſe braucht man ſich an das Wort „Heimath" wohl nicht zu klammern
und kann es, indem man der Gewohnheit der letzteren Jahrzehnte ein Zu=
geſtändniß macht, durch „Unterſtützungswohnſitz" erſetzen.

Soll die Pflicht zur Armenunterſtützung der Heimath oder, wie wir von
jetzt an ſtets ſagen werden, dem Unterſtützungswohnſitz obliegen, ſo muß Jeder
einen Unterſtützungswohnſitz beſitzen, welcher nur durch Erwerb eines anderen
verloren gehen kann, damit eine unterſtützungswohnſitzloſe Zeit nicht eintreten
und Landarme nicht geſchaffen werden können.

Uebrigens braucht mit dem Princip des Unterſtützungs=
wohnſitzes das Syſtem der Unterſtützungswohnſitzloſen oder
Landarmen gar nicht verknüpft zu ſein. In keinem Lande mit Unter=
ſtützungswohnſitzgeſetzgebung — Deutſchland ausgenommen — finden wir das
Inſtitut der Unterſtützungswohnſitzloſen oder Landarmen.

Es dürfte immerhin belehrend ſein, in die Armengeſetzgebungen derjenigen
Länder einen Blick zu werfen, welche das Princip des Unterſtützungswohnſitzes
ihren Armengeſetzgebungen zu Grunde gelegt haben.

Die belgiſche Unterſtützungswohnſitzgeſetzgebung ²) durchwanderte folgende
Stadien. Der urſprüngliche Unterſtützungswohnſitz wird durch den Geburtsort
bedingt. Nach dem Geſetz vom 18. November 1818 ³) war zum Erwerb eines
neuen Unterſtützungswohnſitzes ein Zeitraum von vier Jahren nöthig, ſowie
pünktliche Steuerzahlung. Ferner wurde den Gemeinden die Erhaltung der
Bettler in den Bettlerdepots auferlegt. Dadurch wurde die Armenlaſt drückend.
Die Gemeinden ſeufzten darunter und griffen zu dem auch in Deutſchland be=
kannten und beliebten Mittel der Armenabſchiebung. Die Klagen darüber
häuften ſich und um ihnen abzuhelfen, erhöhte das Geſetz von 1845 die Friſt
zur Erwerbung eines neuen Unterſtützungswohnſitzes auf acht Jahre. Das
Geſetz vom 14. März 1876 ⁴) behielt die Beſtimmung, daß der Geburtsort
der urſprüngliche Unterſtützungswohnſitz iſt und daß ein Unterſtützungswohnſitz
nur durch Erwerb eines andern verloren gehen kann, bei, jedoch mit der
Aenderung, daß ein neuer Unterſtützungswohnſitz bereits in fünf Jahren er=
worben wird. —

In England iſt der Unterſtützungswohnſitz an das Heimathrecht geknüpft,
welches jeder Engländer beſitzen muß. Unterſtützungswohnſitzloſe kennt daher
die engliſche Armengeſetzgebung nicht.

Das Heimathrecht wird in England erworben:
    a. durch Geburt,
    b. durch das Heimathrecht der Eltern,
    c. durch Heirath.

---

¹) Max Seidel, „Das bayeriſche Heimathrecht." Annalen des deutſchen Reichs,
1886, Seite 721.

²) Emminghaus, „Das Armenweſen und die Armengeſetzgebung in den europäiſchen
Staaten", Art. 26, Königreich Belgien, von Emminghaus.

³) Daß Belgien zu jener Zeit noch kein ſelbſtſtändiger Staat war, iſt für uns
irrelevant.

⁴) Jolly giebt in der Zeitſchrift für die geſammte Staatswiſſenſchaft am Schluſſe
ſeiner Abhandlung: „Ueber die Vertheilung der Armenlaſt" eine Ueberſetzung des genannten
belgiſchen Geſetzes. Jahrg. 1884.

d. durch Lehrlingschaft,
e. durch Miethe bezw. Pacht eines Grundstücks,
f. durch Einschätzung zur ordentlichen Gemeindesteuer und
g. Aufenthalt von drei Jahren. —

In den Niederlanden [1]) wird der Unterstützungswohnsitz durch die Geburt oder sechsjährigen Aufenthalt begründet unter Ausschluß einer unterstützungswohnsitzlosen Zeit.

Auch Norwegen [2]) besitzt die Unterstützungswohnsitzgesetzgebung. Der Unterstützungswohnsitz wird durch den Geburtsort oder durch dreijährigen Aufenthalt nach dem 16. und vor dem 63. Jahre erworben.

Ebensowenig kennt die Unterstützungswohnsitzgesetzgebung Dänemarks [3]) eine unterstützungswohnsitzlose Zeit.

Dieser kurze Blick in die Armengesetzgebungen der dem Princip des Unterstützungswohnsitzes huldigenden Länder belehrt uns also, daß die Schaffung Unterstützungswohnsitzloser, d. h. Landarmer, wie sie die preußische resp. deutsche Gesetzgebung kennt, auf historischer Unterlage nicht beruht. Daß die preußische Gesetzgebung bei Acceptirung des Unterstützungswohnsitzprincips das Landarmeninstitut geschaffen hat, läßt sich wohl nur dadurch erklären, daß den Gemeinden ein Theil der Armenlasten abgenommen werden sollte. Der Landarmen wegen hat das Unterstützungswohnsitzprincip die härtesten Angriffe erdulden müssen, aber mit Unrecht; denn das wahre, d. h. das auf historischer Unterlage beruhende Unterstützungswohnsitzprincip schließt die Landarmen ebenso wie das Heimathprincip aus. Nicht das Princip des Unterstützungswohnsitzes ist zu bekämpfen, sondern nur das ihm fremde Landarmeninstitut. Daß das Wesen der Heimath im Unterschiede vom Unterstützungswohnsitz darin liege, daß die Heimath ohne Erwerb einer neuen nicht verloren gehen kann,[4]) ist daher eine ganz irrthümliche Annahme. Der wahre Unterschied zwischen dem Heimath- und Unterstützungswohnsitzprincip besteht vielmehr darin, daß die Erwerbung des Unterstützungswohnsitzes nicht auch von der Willkür der Gemeinden, sondern von einer einfachen, verschiedenartig bemessenen Dauer des Aufenthalts abhängig ist.

Daß auch die Reichsgesetzgebung die Institution des Landarmeninstituts übernommen hat, ist ein um so größerer Fehler, als es mit dem Princip des Unterstützungswohnsitzes selbst in gar keinem Zusammenhange steht und sich auch von der bayerischen Heimathgesetzgebung allzuweit entfernt.

Darüber, daß das Landarmeninstitut beseitigt werden muß, dürfte um so weniger ein Zweifel bestehen, als selbst seine früheren Vertheidiger die Beseitigung der Landarmen verlangen. So schreibt Abides [5]): „Diese Frage (Landarmenbeseitigung) aber ist, auch wenn man, wie ich, die Gegnerschaft dieses Instituts in der Hauptsache für unbegründet hält, von erheblicher Bedeutung, nicht nur weil ganze Landtheile dieses Institut für verderblich und gefährlich halten, sondern vor Allem auch deshalb, weil die Herbeiführung der

---
[1]) Emminghaus, a. a. O. Art. 22. Niederlande.
[2]) Emminghaus, a. a. O. Art. 23. Schweden und Norwegen — v. Lammers.
[3]) Emminghaus, a. a. O. Art. 24. Dänemarks Unterstützungswohnsitzgesetzgebung, von Lammers.
[4]) Luthardt, „Armenpflege und Unterstützungswohnsitz." Zeitfragen des christlichen Volkslebens. Heft 34, Seite 56, 1880.
[5]) Abides, „Der erste deutsche Armenpflegercongreß", in Schmoller's Jahrbuch für Gesetzgebung und Verwaltung, Jahrgang 1882, Seite 638.

Rechtsgleichheit mit Bayern und Elsaß=Lothringen, welche für die Dauer doch kaum zu entbehren sein wird, nur unter Opferung des Instituts der Landarmen gelingen kann." Das wäre ein politischer Grund, der für die Beseitigung des Landarmeninstituts geltend zu machen ist und mit dem die früheren Vertheidiger dieser Einrichtung, die Unmöglichkeit ihres Fortbestehens einsehend, das Landarmeninstitut aufgeben. Der wichtigere Grund der Ausschließung der Landarmen ist aber nicht politischer, sondern rein pädagogischer Natur.

Ein großes Contingent der Landarmen rekrutirt sich aus Vagabunden und Bettlern jeglichen Alters, welche, ohne Angehörigkeit zu einem Orte zu haben, in der Welt herum vagiren, abwechselnd die Krankenhäuser auf Kosten der Landarmenverbände frequentiren und durch schlechte Beispiele in den Herbergen und auf den Landstraßen, anstatt zu arbeiten, die guten Sitten Anderer verderben. Die Vagabundage ist — und dazu hat die Institution der Landarmen nicht wenig beigetragen — förmlich ein Unterhaltungssystem geworden, das von Vielen mit Virtuosität gehandhabt wird. Auf diesem breiten, zum Verderben führenden Pfade wandelt leider ein nicht unbedeutender Theil unserer jugendlichen Bevölkerung. Gerade diese jungen Leute, welche dem Wanderdrange nicht widerstehen können, sollten unbedingt durch das immerhin nur lose Band des Unterstützungswohnsitzes an eine Gemeinde gefesselt werden. Letztere kann dann, wenn der Hinausgezogene, anstatt die Jahre der Jugend zur Thätigkeit und zum Erwerb zu benutzen, sie dem Nichtsthun opfert und Anderen zur Last fällt, dafür sorgen, daß dem Vagabundenleben durch Arbeitszwang ein Ende gemacht wird.

Aus diesem Grunde ist der ununterbrochene Besitz eines Unterstützungswohnsitzes von hohem erziehlichen Werthe. Das Bewußtsein, einen Unterstützungswohnsitz zu haben, würde Manchen noch zu rechter Zeit auf die ordentliche Lebensbahn verweisen, darauf erhalten und ihn zu einem nützlichen Mitgliede der menschlichen Gesellschaft machen. Wenn der Vagabund weiß, daß er wenigstens der Aufsicht seines Unterstützungswohnsitzes untersteht und in dem Landarmeninstitut kein willkommenes Surrogat für den Unterstützungswohnsitz findet, sondern, wenn sein vagabundirendes Leben constatirt wird, nach seinem Unterstützungswohnsitz zurückgeführt werden kann, dann wird ihn in vielen Fällen die Scham von einem vagabundirenden Leben zurückhalten. In der Jugend muß der Hang zur Vagabundage vertrieben werden; im Alter ist es zu spät.

Auf diesen Punkt legt die bestehende Gesetzgebung fast gar keinen Werth; ja man kann sie, weil sie gestattet, daß junge, aus der väterlichen Gewalt entlassene Leute nirgends ortsangehörig zu sein brauchen, sogar der Förderung dieser Mißstände anklagen.

Der sächsische Minister von Nostitz=Wallwitz [1]) spricht sich über das Landarmeninstitut treffend mit folgenden Worten aus: „Ich glaube, daß wir dahin streben müssen, auf irgend eine Weise das Institut der Landarmen aus unserer Gesetzgebung wieder zu beseitigen. Ich glaube, daß es dringend wünschenswerth ist, daß wir zu einer Gesetzgebung gelangen, die dem, der nach auswärts geht, die Verpflichtung auferlegt, sich über seinen Unterstützungswohnsitz oder Heimath auszuweisen, und die den Behörden, wenn sie Veranlassung haben, strafend gegen das betreffende Individuum einzuschreiten, die Möglichkeit giebt, dasselbe in einen bestimmten Ort zurückzuweisen, der in dem Falle der Hilfsbedürftigkeit Unterstützung zu gewähren hat und zugleich dafür

---

[1]) Zeitschrift des Königlich Sächsischen Statistischen Bureaus, 1882, Seite 38.

zu sorgen, daß nicht seine Ortsangehörigen als Bettler und Vagabunden weit und breit das Land überschwemmen und belästigen."

Durch den ständigen Besitz eines Unterstützungswohnsitzes würde derselbe rasch und leicht erkannt werden; ein Punkt, welchen eine Armengesetzgebung nicht aus den Augen verlieren darf, wodurch die, besonders für die kleineren Gemeinden viel zu schwierigen und zu umfangreichen Unterstützungswohnsitzermittelungen erleichtert würden. Letztere könnten durch eine Bestimmung, nach der die Gemeinden das Recht haben, von jedem Neuanziehenden einen behördlichen Ausweis über seinen Unterstützungswohnsitz zu verlangen, auf ein Minimum reducirt werden.

Wir perhorresciren daher das Institut der Landarmen aus den vorstehend erörterten und nachstehend zusammengefaßten Gründen:
1. weil der Unterstützungswohnsitzlose oder Landarme, wie die Unterstützungswohnsitzgesetzgebungen anderer Länder beweisen, kein Glied des Unterstützungswohnsitzprincips ist,
2. weil es die Vagabundage fördert und die Liebe zur Heimath zerstört und
3. weil sich das Institut der Landarmen wie ein Keil zwischen die Armengesetzgebung des Reichs und Bayerns einschiebt und dadurch der wünschenswerthen Rechtseinheit hindernd in den Weg tritt.

Um eine unterstützungswohnsitzlose Zeit auszuschließen, schlagen wir daher einen ursprünglichen, vom Familienoberhaupt abgeleiteten Unterstützungswohnsitz vor, der nur durch Erwerb eines anderen, in der Regel durch fünfjährigen ununterbrochenen Aufenthalt in einem Orte und bei Frauen durch Verehelichung, die den Erwerb des Unterstützungswohnsitzes des Mannes zur Folge hat, verloren gehen kann.

Es liegt nahe, das Alter, von dem an ein Unterstützungswohnsitz selbstständig erworben werden kann, mit erreichter Volljährigkeit beginnen zu lassen, sodaß spätestens nach Ablauf des 26. Lebensjahres ein Unterstützungswohnsitz selbstständig erworben ist. Die Altersgrenze, von der an ein Unterstützungswohnsitz erworben werden kann, in Rücksicht darauf, daß die arbeitenden Klassen ihre wirthschaftliche Selbstständigkeit regelmäßig vor dem Volljährigkeitsalter erreichen, noch unter das Volljährigkeitsalter herabzusetzen, ist, wie Jolly[1]) ausführt, deshalb nicht empfehlenswerth, weil dadurch die rechtlich wichtigen Altersstufen ohne Grund eine Vermehrung erführen. Der Hauptgrund jedoch, der gegen eine Herabsetzung des Alters, von dem an ein Unterstützungswohnsitz erworben werden kann, unter das Volljährigkeitsalter spricht, ist der, daß die Armenunterstützung nicht als Correlat oder gar als ein Aequivalent vorhergegangener wirthschaftlicher Selbstständigkeit und Leistung angesehen werden kann. Wäre das Letztere richtig, dann würde die Herabsetzung des den Erwerb des Unterstützungswohnsitzes beginnenden Alters sogar eine Forderung vollsten Rechtes sein und der Beginn der durchschnittlich wirthschaftlichen Selbstständigkeit allein maßgebend für jene Altersgrenze sein, von der an der selbstständige Erwerb des Unterstützungswohnsitzes zu beginnen hätte. Für die Herabsetzung des den Erwerb des Unterstützungswohnsitzes beginnenden Alters unter das Volljährigkeitsalter sprechen nur die Härten und Unzuträglichkeiten, welche sich aus dem abgeleiteten Unterstützungswohnsitz resp. der armenrechtlichen Familiengemeinschaft ergeben. Zur Familiengemeinschaft

---
[1]) Jolly, „Ueber die Vertheilung der Armenlast". Zeitschrift für die gesammte Staatswissenschaft, 1884, Seite 17.

im armenrechtlichen Sinne gehören nach den Entscheidungen des Bundesamts für das Heimathwesen[1]) alle diejenigen, welche an den Unterstützungswohnsitzverhältnissen des Familienoberhauptes theilnehmen, also die Ehefrau, die ehelichen und den ehelichen gleichstehende Kinder bis nach zurückgelegtem 24. Lebensjahre, sowie die in die Ehe gebrachten ehelichen und unehelichen Vorkinder der Ehefrau nebst den ihre Unterstützungswohnsitzverhältnisse theilenden Personen. —

Unser Vorschlag, das Volljährigkeitsalter auch als maßgebend für den Erwerb des Unterstützungswohnsitzes anzusehen, mildert die durch den abgeleiteten Unterstützungswohnsitz möglichen Schärfen und Härten dadurch, daß sich die aus dem abgeleiteten Unterstützungswohnsitz durch Kinder entstehenden Consequenzen nur noch bis nach dem zurückgelegten 21. Jahr ziehen lassen, während dies bei der bestehenden Gesetzgebung bis zum 24. Jahre der Fall ist.

Um eine Befestigung eines einmal besessenen Unterstützungswohnsitzes zu erreichen, machen wir den ferneren Vorschlag, daß durch eine bestimmte Dauer des Aufenthalts, etwa durch 10 Jahre, ein unverlierbarer Unterstützungswohnsitz erworben wird.

Ferner dürfte die Frage discutabel sein, ob nicht von einem bestimmten Alter an — der Abgeordnete Streit[2]) hat im Reichstage einen dahin gehenden Vorschlag gethan — die Fähigkeit zur Erwerbung eines neuen Unterstützungswohnsitzes verloren gehen könnte. Wir glauben die Frage bejahen zu müssen und würden vorschlagen, daß nach Erreichung des 60. Lebensjahres ein neuer Unterstützungswohnsitz nicht mehr erworben werden kann, vielmehr der mit Ablauf dieses Jahres besessene bis zum Tode in Kraft bleibt. Dieser Vorschlag ist um so unbedenklicher, als mit dem 60. Jahre der Aufenthaltswechsel gewöhnlich aufhört.

Auch durch diese beiden Bestimmungen würde eine bedeutende Annäherung an das Princip der Heimathgesetzgebung erreicht.

Das wären die Vorschläge, welche wir hinsichtlich des Erwerbes und Verlustes des Unterstützungswohnsitzes zu machen hätten. Im Großen und Ganzen tritt durch dieselben in Folge der Ausscheidung der Landarmen das eigentliche Wesen des Unterstützungswohnsitzes schärfer hervor, wodurch die Vagabundage eine bedeutende Einschränkung erführe.

Mit dem dauernden Besitz eines Unterstützungswohnsitzes und der dadurch geschaffenen Angehörigkeit an eine Gemeinde würde den ethischen Forderungen genügend Rechnung getragen worden sein, indem sich Jeder im Nothfall unter die schützenden Fittiche eines ihm nahestehenden Gemeindewesens flüchten könnte, aber keineswegs den finanziellen, welche auf eine möglichst gleichmäßige Vertheilung der Armenlast abzielen.

Wenn auch den Gemeinden, resp. den Ortsarmenverbänden durch die Uebernahme der der geschlossenen Armenpflege angehörenden Kranken von dem Staate eine nicht unbedeutende Entlastung zu theil wird und auch durch den ständigen Besitz eines Unterstützungswohnsitzes die Armenlast gleichmäßiger vertheilt wird, so kann trotzdem die Armenlast für viele Gemeinden noch eine drückende, vielleicht unerschwingliche Höhe erreichen.

Auch durch die Länge der Zeit, welche zum Erwerb eines neuen Unterstützungswohnsitzes nöthig ist, sowie durch den Wegfall der die Armenlast

---

[1]) Entscheidungen des Bundesamts für das Heimathwesen. Die armenrechtliche Familiengemeinschaft. R.-Centr.-Bl. 1883, Seite 87.

[2]) Reichstagsverhandlungen von 1881.

abwehrenden Tendenzen ist nicht ausgeschlossen, daß die Armenpflege den bedeutendsten Theil der Einnahmen der Gemeinden verschlingt, wodurch sie in finanzielle Bedrängnisse gerathen können.

Um auf eine möglichst gleichmäßige, d. h. der Leistungsfähigkeit der Gemeinden entsprechende Vertheilung der Armenlast hinzuwirken, — eine der brennendsten, auf die Reform des Armenwesens bezüglichen Fragen — schlagen wir vor, daß sämmtliche, innerhalb eines Staatsarmenverbandes liegende Ortsarmenverbände unter sich wieder einen Verband bilden, dessen Leitung dem Staatsarmenverbande zusteht. Diese Vereinigung soll zu dem Zwecke gemeinsamer Tragung eines, gleich näher zu bezeichnenden Theils der Armenlast der Verbandsmitglieder erfolgen. Sie soll ein Versicherungsverband für bestimmte Armenlasten auf Gegenseitigkeit sein, wodurch die Ueberlastung einzelner Gemeinden mit Armenlasten vollständig ausgeschlossen wird.

Sämmtliche Gemeinden eines Versicherungsverbandes, der genau dem Staatsarmenverbande zu entsprechen hätte, haben die später speciell angegebenen Armenlasten, welche ihnen ihre eigenen Armen verursachen, also auf die Kosten für diejenigen Unterstützungswohnsitzberechtigten, welche sie außerhalb des Ortsarmen- und Staatsarmenverbandes zu unterstützen haben, sowie die Kosten derjenigen Unterstützungsbedürftigen, welche innerhalb des Staatsarmenverbandes unterstützungswohnsitzberechtigt sind, jährlich zusammenzustellen und den Staatsarmenverbänden einzusenden. Letztere nehmen eine Summirung derselben und eine gleichmäßige Vertheilung der Armenlasten unter die einzelnen Ortsarmenverbände vor. Als Vertheilungsmaßstab könnte das von den Ortsarmenverbänden aufgebrachte direkte Staatssteuerkapital dienen.

Die Realisirung dieses Vorschlags in seiner Nacktheit würde der immer nachdrücklicher auftretenden Forderung nach gleichmäßiger Vertheilung der Armenlast im hohen Grade gerecht werden. Allein der Einwand, daß durch diese Neugestaltung der Vertheilung eines Theils der durch die offene Armenpflege entstehenden Armenlasten eine Steigerung derselben um deswillen nicht ganz ausgeschlossen wäre, weil vielleicht die Gefahr nahe liegt, daß einzelne Gemeinden auf Kosten der Gesammtheit wirthschafteten, würde ihm mit Recht entgegen gehalten werden können. Wir müssen uns deshalb nach Mitteln umsehen, welche mit Erfolg gegen eine verschwenderische Armenpflege seitens der Ortsarmenverbände zu gebrauchen sind.

Zunächst sind von den durch den Versicherungsverband zu tragenden Kosten diejenigen auszuschließen, welche von den Gemeinden an die Staatsarmenverbände für die Verpflegung der in den Gemeinden unterstützungswohnsitzberechtigten, der geschlossenen Armenpflege angehörenden Armen mit $^1/_5$ der Kosten bezahlt werden. Außerdem sollen der Ausgleichung durch den Versicherungsverband, um ein Wirthschaften auf Kosten der Gesammtheit zu verhüten, nicht unterliegen: diejenigen Kosten, welche, wie § 69 des Reichsgesetzes über den Unterstützungswohnsitz vorschreibt, bis zu sechs Wochen durch die Kur und Verpflegung solcher erkrankten Personen entstehen, welche unter die Kategorie der Gesellen, Gewerbegehilfen, Lehrlinge und des Gesindes zu rechnen sind. Außer obigen Lasten sollen als unerstattbare Gemeindeindividuallasten noch die in den ersten 21 Tagen der Bedürftigkeit entstehenden betrachtet werden, ganz ohne Rücksicht darauf, wo der Unterstützungsbedürftige unterstützungswohnsitzberechtigt ist, mit Ausnahme jener Kategorien von Armen, welche den Staatsarmenverbänden direkt zur Last fallen, um dadurch einerseits ein freigebiges und vorzeitiges Unterstützen zu verhindern und andererseits auch die Verwaltungsarbeit zu erleichtern.[1]) Allzuniedrig darf die den Anspruch auf Erstattung ausschließende Frist nicht normirt werden, weil sonst die beabsichtigte Wirkung, reiche Unterstützungen zu vermeiden und Anwendung von Praeventivmaßregeln seitens der Gemeinden auch den nicht in ihnen Unterstützungswohnsitzberechtigten gegenüber zu erzielen, in Frage gestellt wird. Aus diesem Grunde erscheint uns die von Germershausen[2]) vorgeschlagene Frist von 14 Tagen allzukurz.

Um eine Vertheuerung der Armenpflege gänzlich auszuschließen, haben die Gemeinden ferner jede gewährte Unterstützung pro rata mitzutragen. Der fünfte Theil der gewährten Unterstützung zu Lasten der Gemeinde dürfte als genügend zur Vorbeugung einer verschwenderischen Armenpflege zu erachten sein.

Alle vorstehenden nicht benannten Armenlasten würden durch die Glieder des Versicherungsverbandes und, um den Gemeinden eine weitere Entlastung ihrer Armenbudgets zu gewähren, zu $^1/_4$ von den Staatsarmenverbänden zu tragen sein, wodurch auch zugleich die Staatsarmenverbände, welche die Leitung der Versicherungsverbände übernehmen sollen, an denselben direkt interessirt würden.

Die Vertheilung der durch den Versicherungsverband zu tragenden Lasten könnte nach dem folgenden Schema vor sich gehen:

Ortsarmenverband.	Direktes Staatssteuerkapital.	Durch den Verband zur Ausgleichung kommende Armenlast.	Nach dem Staatssteuerkapital entfallender Antheil.	Herauszubekommender Betrag.	Nachzubezahlender Betrag.
ℳ.	ℳ.	ℳ.	ℳ.	ℳ.	ℳ.
A.	5000	1725	1315	410	—
B.	30000	6050	7890	—	1840
C.	25000	8915	6575	2340	—
D.	2500	200	657,5	—	457,5
E.	2000	310,5	526	—	215,5
F.	1500	178	394,5	—	216,5
G.	3500	900	920,5	—	20,5
	69500	18278,5	18278,5	2750	2750

Die Vertheilung wäre also höchst einfacher Natur; sie würde wohl nicht mehr Arbeit verursachen, als die unter den Gemeinden innerhalb eines Staatsarmenverbandes zur Regelung der gegenseitigen Unterstützungsfälle sich nöthig machenden Correspondenzen.

Dieser zweifellos gerechte Maßstab der Armenlastenregulirung würde nur bei denjenigen Gemeinden auf Opposition stoßen, deren Armenlast zur Zeit zu der von ihnen gezahlten Staatssteuer in einem niedrigeren Verhältniß als

---

[1]) Aehnlich Freiherr v. Reitzenstein: „Ueber die Reform der ländlichen Armenpflege" in den Jahrbüchern für Nationalökonomie und Statistik — 1886, Seite 162. Nach ihm wäre es richtig, „daß für gewisse Arten vorübergehender bezw. für kurze Zeiträume gewährter Unterstützungen nach dem Princip, das schon jetzt in Ansehung der Kosten der Kur erkrankter Dienstboten, Gewerbegehilfen und Lehrlinge, sowie der Verpflegung armer Reisender in Anwendung ist, Rückgriffe ganz ausgeschlossen würden."

[2]) Germershausen, a. a. O. S. 81.

innerhalb eines Staatsarmenverbandes die Gesammtarmenlast zur gesammten Staatssteuer steht. Indessen dürfte anzunehmen sein, daß durch die Ueberwälzung des größten Theils der durch die geschlossene Armenpflege entstehenden Lasten auf die Staatsarmenverbände und durch die Tragung des vierten Theiles der durch den Versicherungsverband zur Ausgleichung kommenden Armenlast von den Staatsarmenverbänden nur sehr wenige Gemeinden übrig bleiben könnten, deren Armenlast nach unseren Vertheilungsvorschlägen höher als bisher wäre. Aber selbst im entgegengesetzten Falle würde der etwaige Widerstand dieser Gemeinden an der Gerechtigkeit unseres Vertheilungsmodus scheitern. Uebrigens ist eine so schwierige Materie, wie die Vertheilung der Armenlast kaum in einer alle interessirenden Theile befriedigenden Weise zu lösen. Wir glauben aber, daß unser Vertheilungsmodus das Ziel, die Armenlast unter die Ortsarmenverbände möglichst gleichmäßig zu vertheilen, unter voller Ausschließung der die Armenlast erhöhenden Faktoren und unter Berücksichtigung aller ethischen Momente möglichst erreicht und der Forderung, „nach den lokalen Bedürfnissen den nothwendigen Unterhalt zu bestimmen," gerecht wird, wodurch allein einer künstlichen Bevölkerungsverschiebung vorgebeugt werden kann.

Es sei hier darauf hingewiesen, daß innerhalb des Geltungsgebietes des Unterstützungswohnsitzgesetzes 4477 gemischte, d. h. aus mehreren Ortschaften gebildete Ortsarmenverbände bestehen, welche ihre Ausgaben nach einem bestimmten Modus erheben. In Preußen erfolgt z. B. die Vertheilung der Kosten vieler Gesammt-Armenverbände auf die einzelnen Glieder derselben nach Maßgabe der von denselben geleisteten Classen- und Einkommensteuer, der halben Gewerbesteuer und der halben Grund- und Gebäudesteuer.[1]) Hier haben wir also schon eine ähnliche Vertheilungsart wie die von uns vorgeschlagene für kleinere Gebiete in Wirksamkeit. Und warum sollte das, was für kleinere Gebiete ausführbar ist, nicht für größere möglich sein.

Der einzige in Betracht kommende Einwand gegen die von uns proponirte Vertheilung der Armenlast könnte darin gefunden werden, daß die in kleineren Gemeinden besonders der östlichen Provinzen noch in großem Umfange übliche Naturalienwirthschaft einer genauen Berechnung der Armenlast entgegen stände. Für diese Gemeinden läge die Versuchung nahe, durch übermäßige Berechnung der den Armen gegebenen Naturalien sich noch pekuniäre Vortheile zu verschaffen. Solchen Manipulationen könnte durch Festsetzung eines Tarifs vorgebeugt werden, eine unseres Erachtens gar nicht schwierige Aufgabe, welche unter Anlehnung an die bereits vorhandenen Tarife[2]) für die Erstattung von Armenpflegekosten gelöst werden könnte. Uebrigens ist im § 30 des Gesetzes über den Unterstützungswohnsitz bereits Fürsorge gegen eine übermäßige Berechnung von Armenpflegekosten getroffen worden. Außerdem sei uns noch der Hinweis gestattet, daß auch nach dem Reichsgesetz über den Unterstützungswohnsitz Arme mittelst Naturalien auf Kosten anderer Armenverbände unterstützt werden, ohne daß über eine übermäßige Berechnung der Naturalien Klagen laut geworden wären.

Der etwaige Einwand, daß die Gemeinden erdichtete Armenpflegeposten in ihre Aufstellungen einstellen könnten, ist kaum beachtenswerth, weil nicht nur

---

[1]) S. Statistik des Deutschen Reichs a. a. O. S. 4.

[2]) Tarife für die Erstattung von Armenpflegekosten haben schon jetzt aufgestellt: Preußen, Königreich und Großherzogthum Sachsen, Meiningen Anhalt, Schwarzburg-Rudolstadt, Waldeck, Reuß, Schaumburg-Lippe.

in der öffentlich-rechtlichen Stellung der Gemeinden, sondern auch in der Oeffentlichkeit des Gemeinderechnungswesens eine Garantie dagegen gegeben ist. Uebrigens könnte eine genügende Controle in der namentlichen Aufführung der Unterstützten seitens der Ortsarmenverbände erblickt werden, was auch zur Erzielung einer brauchbaren Armenstatistik von hohem Werth wäre. —

Zu den Vorzügen des vorgeschlagenen Versicherungsverbandes würde zu rechnen sein, daß die Armenlast, soweit sie nicht aus Utilitätsgründen von den einzelnen Gemeinden getragen werden muß, nach einem gerechten Kriterium vertheilt wird und daß kleinere, überhaupt nicht gut situirte Ortsarmenverbände ein sprungweises Anschwellen ihres Armenbudgets nicht mehr zu befürchten hätten. Ebenso würde die ausreichende Armenpflege der Landgemeinden an ihrer oftmals geringen Leistungsfähigkeit nicht mehr scheitern können und die nach den dehnbaren Bestimmungen der Ausführungsgesetze der einzelnen Bundesstaaten vorgesehene pekuniäre Unterstützung nachweislich überlasteter Ortsarmenverbände überflüssig machen. Unser Modus der Vertheilung der Armenlasten mildert die Widerstände, die pekuniär nicht gut situirte Gemeinden von der Uebung einer im öffentlichen Interesse liegenden Armenpflege abhalten. Mit anderen Worten: die Praestationsunfähigkeit der Gemeinden könnte keinen stichhaltigen Grund für mangelhafte Armenpflege mehr abgeben; insbesondere würde der zwischen Stadt und Land bezüglich der Armenpflege bestehende Gegensatz nivellirt, wodurch die gegenseitig erhobenen Klagen verschwinden müßten.

Wenn es richtig ist, was auf dem Armenpflegerkongreß 1882 behauptet worden ist[1]), „daß von der Reform vor allen Dingen der Armenpflege in den Landgemeinden und kleineren Verbänden allein eine gründliche Beseitigung der Gründe zu erwarten sei, die Tausende auf die Landstraße treiben", dann glauben wir, daß unsere Vorschläge das Uebel bei der Wurzel fassen.

Unser Modus der Vertheilung der Armenlast schließt jenes Unterstützungssystem aus, welches, indem es aus Specialinteressen Almosen gewährt, geradezu von verwerflichen Motiven geleitet wird. Denn das übliche Mittel der geheimen Zu- und Abschiebung und der heimlichen Unterstützung der Armen hätte nur noch insoweit Interesse, als Ortsarmenverbände die erstmalige definitiv zu tragende Armenlast während 21 Tagen und den direkt zu tragenden fünften Theil der Armenlast von sich abwälzen wollten.

Das Interesse der Armenverbände an Abschiebungen wird also auf ein so geringes Maß reducirt, daß die Abschiebungsmethode kaum noch lohnend erscheinen würde. Trotzdem aber könnten der Vorsicht wegen Strafbestimmungen gegen Abschiebung von Armen, wie auch gegen heimliches Unterstützen getroffen werden. Jeder, welcher sich einer Ab- oder Zuschiebung Armer oder einer heimlichen Unterstützung Armer schuldig macht in der Absicht, die Armenlast einer anderen Gemeinde aufzubürden, ist mit Geldstrafe oder Haft zu bestrafen, Ortsarmenverbandsbeamte höher wie andere.

Die belgische und englische Armengesetzgebung haben ähnliche Bestimmungen. Nach der ersteren haben die zuständigen Behörden nach Maßgabe der Verhältnisse zu beschließen, daß trotz des Aufenthaltswechsels der bisherige Aufenthalt als fortdauernd anzusehen ist. Die englische Armengesetzgebung[2]) geht noch strenger vor, denn sie setzt gegen jeden Armenbeamten eine Strafe

---

[1]) „Die Organisation der Armenpflege in den Gemeinden, insbesondere in den kleineren Verbänden." — Bericht des Herrn Seyffardt-Crefeld — auf dem Armenpflegerkongreß 1882 — in den Annalen des deutschen Reichs, 1882, Seite 704.

[2]) Aschrott, a. a. O. S. 166, Anm. 2.

von 2—5 St. fest, welcher in der Absicht, die Armenlast auf eine andere Gemeinde zu überwälzen, eine Person durch Geld oder sonstige Unterstützung, durch Versprechungen oder Drohungen veranlaßt, sich in eine andere Gemeinde zu begeben, damit sie dort der Gemeinde zur Last falle. —

Der oft erhobene und berechtigte Vorwurf, daß die Gemeinden Arme erster und zweiter Klasse unterscheiden, indem sie nicht ortsangehörige Arme reichlicher und leichter als ortsangehörige unterstützen, beschränkt sich nach unseren Vorschlägen auf den Kreis derjenigen Unterstützungsbedürftigen, welche nicht innerhalb des Staatsarmenverbandes unterstützungswohnsitzberechtigt sind, jedenfalls auf eine verhältnißmäßig geringe Zahl.

Die im Auftrage des Vereins für Armenpflege und Wohlthätigkeit von Böhmert herausgegebene Statistik des Armenwesens von 67 im vorigen Theil benannten deutschen Städten geben wir, soweit Altersverhältnisse der Landarmen und der Unterstützungswohnsitzberechtigten in Betracht kommen, am Schlusse der Arbeit wieder.[1])

Aus den über das Alter der Unterstützten informirenden Zahlen geht hervor, daß die Landarmen in jüngeren Jahren als die Ortsarmen unterstützt werden. Dafür läßt sich, wie Böhmert selbst angiebt, keine andere Erklärung finden, als daß Landarme leichter unterstützt werden, als Ortsarme, woraus sich der Schluß ziehen läßt, daß die von den Landarmenverbänden getragenen Armenlasten nicht mit ihrer vollen Höhe die Ortsarmenverbände entlasten.

Es läßt sich annehmen, daß auch die außerhalb ihres Unterstützungswohnsitzes unterstützten Armen leichter als Ortsarme unterstützt werden. Wir wüßten wenigstens keinen Grund, welcher die Gemeinden veranlassen könnte, bezüglich der Gewährung von Unterstützung auch zwischen Landarmen und auswärts unterstützungswohnsitzberechtigten Armen einen Unterschied zu machen. Denn die für beide Armenkategorieen aufgewendeten materiellen Lasten rangiren unter dem gemeinsamen Generalnenner der den Gemeinden wieder ersetzt werdenden Armenlasten.

Nicht der geringste Vorzug des von uns vorgeschlagenen Versicherungsverbandes ist die aus ihm von selbst resultirende Minderung der Inanspruchnahme der Armenrechtspflege, welche überhaupt so viel wie möglich ausgeschlossen sein sollte, denn die bedeutenden für die Armenrechtspflege zu bezahlenden Summen könnten zu etwas Besserem verwendet werden. Wie wir heute über das ausgedehnte Schubsystem, das früher in Deutschland herrschte und welches in Oesterreich[2]) noch heute in hoher Blüthe steht, urtheilen, genau so wird das Urtheil späterer Zeiten über die heutige Armenrechtspflege lauten, denn ebenso unproduktiv, wie die durch das Schubwesen erwachsenden Kosten, sind auch die durch die Armenrechtspflege entstehenden.

Verhältnißmäßig werden natürlich die kleineren Ortsarmenverbände wegen ihrer geringeren Fähigkeit zur Proceßführung und weil sie nicht in der Lage sind, die rechtliche Seite der Einzelfälle zu beurtheilen, bedeutend mehr für Armenrechtspflege als größere Ortsarmenverbände ausgeben. Die Kosten der Armenrechtspflege steigern sich daher progressiv nach unten.

---

[1]) S. Kohn, die Verhandlungen des deutschen Vereins für Armenpflege und Wohlthätigkeit — 1885 — in Schmoller's Jahrbuch für Gesetzgebung und Verwaltung, Seite 480 u. 499.

[2]) Nach Dr. Steiner, a. a. O. 1880, Seite 47, belaufen sich die Kosten des Schubwesens für Cisleithanien auf 1¼ Millionen Gulden pro Jahr.

Nach der für das Königreich Preußen beendeten Armenstatistik über das Armenwesen des Jahres 1885 [1]) sind im genannten Jahre allein 4050 Klagen wegen Erstattung von Armenlasten angestrengt worden. Im gesammten Reichsgebiet — mit Ausnahme von Elsaß-Lothringen — belief sich in demselben Jahre die Zahl der erhobenen Klagen auf 6290, während die Summe der eingeklagten Beträge 571,122 Mark betrug. [2])

Nach der vorgeschlagenen Bildung des Versicherungsverbandes können Streitigkeiten in Armensachen zwischen Ortsarmenverbänden innerhalb eines Staatsarmenverbandes nicht mehr vorkommen. Wie Klagen eines Ortsarmenverbandes gegen einen Ortsarmenverband innerhalb eines Staatsarmenverbandes ausgeschlossen sind, so würden auch Klagen der Ortsarmenverbände gegen die Staatsarmenverbände überhaupt gegenstandslos werden.

Das Armenstreitverfahren wäre nur noch zwischen Gemeinden verschiedener Staatsarmenverbände möglich und auch dieses Verfahren könnte sehr vereinfacht werden. Man brauchte nur den Staatsarmenverbänden, welche an der Armenlastentragung im hohen Maße betheiligt sind, die Proceßführung für die in ihnen liegenden Ortsarmenverbände zu übertragen. Dadurch würde erzielt, daß sich die in Streitigkeit gerathenden Partheien auf 36 beschränkten — soviel eben Staatsarmenverbände gebildet sind —, während sie sich jetzt im Geltungsgebiet des Unterstützungswohnsitzes auf 61,413 belaufen, wozu noch 9725 in Bayern und Elsaß-Lothringen kommen. [3]) [4]) Ferner müßte den Staatsarmenverbänden auch die Klagerhebung anheim gegeben werden, weil oft von den Ortsarmenverbänden mangels Gesetzeskenntniß die aussichtslosesten Klagen erhoben werden. Unterläßt der Staatsarmenverband die Klagerhebung, so hat jeder weitere Schritt zu ruhen und der Ortsarmenverband die Unterstützungskosten vorbehaltlich ihrer Anmeldung und Theilerstattung zu bestreiten. Schwer kann dies den Ortsarmenverbänden nicht fallen, weil die Kosten vom Versicherungs-Armenverbande und vom Staatsarmenverbande gemeinsam getragen werden müßten. Die Annahme, daß die Staatsarmenverbände gegen das Interesse der Gemeinde handeln könnten, ist gänzlich ausgeschlossen, weil sie an der Armenlastentragung im hohen Maße interessirt sind. Für die meisten Gemeinden, besonders die kleineren, wäre ein solches Tutorium nur vortheilhaft. Den etwaigen Einwand, daß darunter die Autonomie der Gemeinden zu leiden hätte, anerkennen wir nicht, weil die Armenlast nicht den Charakter einer Gemeinde-, sondern einer Staatslast trägt. Man sträubt sich zwar noch hie und da, dies anzuerkennen, aber Jeder, der größeren Armenverbänden das Wort redet, oder vorschlägt, den Gemeinden staatlicherseits Beihülfe zur Armenlast zu gewähren, macht dieser Anschauung ein engeres oder weiteres Zugeständniß.

Es ist überhaupt ganz selbstverständlich, daß den Staatsarmenverbänden, da sie einen nicht unbedeutenden Theil der durch die offene Armenpflege entstehenden Kosten tragen sollen, ein umfangreiches Recht der Controle bezüglich der gewährten Unterstützungen eingeräumt werden muß. Diese Thätigkeit soll indessen nur controlirender, nicht verwaltender Natur sein. Der bedeutenden Einschränkung der Armenrechtsfälle, welche sich aus unseren Vorschlägen ergiebt,

---

[1]) Siehe Annalen des deutschen Reichs 1886, Seite 741 ff.
[2]) S. Statistik des Deutschen Reichs a. a. O. S. 66.
[3]) S. Statistik des Deutschen Reichs 1887 a. a. O. S. 24.
[4]) Münsterberg giebt in seiner Abhandlung: „Die Armenstatistik" — Jahrbücher für Nationalökonomie und Statistik — Jena 1886 — Seite 439, die Zahl der Armenverbände wohl schätzungsweise auf 80,000 an.

müßte auch eine Vereinfachung des Verwaltungsrechtsprechungsapparat nachfolgen. In Consequenz unserer Ansicht, daß die Armenpflege auch bezüglich des Klagverfahrens so einfach wie möglich sein sollte, empfehlen wir zwei Instanzen, deren erste ein Verwaltungsrechtsprechungskörper innerhalb eines Staatsarmenverbandes, und deren letzte das Bundesamt für das Heimathwesen ist. Nach dieser Organisation würden nur 36 Rechtsprechungsorgane erster Instanz und ein solches zweiter Instanz bestehen, im Ganzen 37; nach der geltenden Gesetzgebung dürften es deren viele Hunderte sein.

Die englische Armengesetzgebung [1]) kennt neben der gerichtlichen Rechtsprechung in Armenstreitsachen auch noch eine schiedsrichterliche, welche fakultativ von den Gemeinden in Anspruch genommen werden kann, indem den Armenbehörden zweier Bezirke seit dem Jahre 1851 gestattet worden ist, ein schriftliches Uebereinkommen dahin zu treffen, daß die Entscheidung über Streitfragen, welche zwischen ihnen betreffs Settlement and Removale entstehen, der Centralarmenbehörde überlassen bleiben soll. Die angerufene Entscheidung der Civilbehörde ist endgiltig und unwiderruflich. — Ob sich für Deutschland eine ähnliche Einrichtung empfehlen würde, wagen wir nicht zu entscheiden und wollen deshalb auch keine darauf bezüglichen Vorschläge machen, obgleich sich nicht leugnen läßt, daß sich viele Gründe für eine schiedsrichterliche Rechtsprechung in Armenstreitsachen geltend machen ließen.

Zu den Funktionen, welche wir den Staatsarmenverbänden noch gern übertragen sehen möchten, rechnen wir noch die selbstständige, sich nach Bedarf nothwendig machende Errichtung von Verbandskranken- und Verbandsarmenhäusern, deren Herstellungskosten von Versicherungsverbande wenigstens großentheils zu tragen wären. Das System der distriktiven Krankenanstalten hat sich vorzüglich in Bayern bewährt. Im Jahre 1847 gab es in Bayern 80, im Jahre 1880 bereits 159 distriktive Krankenanstalten. [2]) Das System der Bezirksarmenhäuser hat sich, wie das Königreich Sachsen beweist, nicht minder als empfehlenswerth erwiesen, [3]) ebenso in Schleswig-Holstein, wo dasselbe in Deutschland zuerst eingeführt worden ist. [4]) Die Leitung dieser Anstalten wäre am besten den Staatsarmenverbänden zu übertragen. —

Daß unsere Vorschläge unter Berücksichtigung aller bei der Armengesetzgebung in Betracht kommenden finanziellen und ethischen Momente dem zu erstrebenden Ziele, eine den lokalen Verhältnissen angepaßte Armenunterstützung zu gewähren, möglichst nahe kommen, bedarf keiner weiteren Begründung. Daß sich durch ihre Verwirklichung die Armenlasten steigern würden, ist zwar richtig, allein damit läuft auch eine Verbesserung des gesammten Armenwesens, besonders des ländlichen, proportional. Der Finanzpunkt allein — das wäre doch ein roher Materialismus — kann überhaupt nicht das Entscheidende für die Grundsätze der Armengesetzgebung sein, und in Fachkreisen herrscht auch

---

[1]) Aschrott, a. a. O. Seite 176.

[2]) Th. Laves, „Die bayerische Armenpflege" von 1847-1880 in Schmoller's Jahrbuch für Gesetzgebung und Verwaltung — 1884, Seite 570.

[3]) Böhmert, „Zur Statistik der sächsischen Bezirksarmenanstalten" — Zeitschrift des Königl. Sächs. Statistischen Bureau 1883, Seite 151 ff.

[4]) S. Cohn, „Die Verhandlungen des deutschen Vereins für Armenpflege und Wohlthätigkeit" 1885, in Schmoller's Jahrbuch für Gesetzgebung und Verwaltung 1886, Seite 170.

keine Meinungsverschiedenheit darüber, daß die Humanität durch Erörterung der Finanzfrage nicht in den Hintergrund gestellt werden darf.⁵)

Das Eigenthümliche der von uns vorgeschlagenen Versicherungsverbandsbildung besteht darin, daß sie alle Vorzüge größerer Verbandsorganisationen besitzt, deren Nachtheile aber gänzlich ausschließt, weil sie den einzelnen Gemeinden die Ausübung der Armenpflege selbst überläßt, also nicht wie andere Verbände die individuelle Methode hemmt, sondern fördert.

Wir glauben unmaßgeblich, daß durch unsere Vorschläge viele der dem Gesetze über den Unterstützungswohnsitz vom 6. Juni 1870 gemachten Vorwürfe beseitigt oder doch wenigstens bedeutend gemildert werden würden.

Wir haben schon im Laufe unserer Darstellung darauf hingewiesen, daß die von uns aufgenommenen resp. gemachten Reformvorschläge sich an die bestehende Gesetzgebung eng anlehnen und daß ihre Verwirklichung durch eine geringe Veränderung der Gesetzgebung zu erreichen ist.

Die Bildung der Staatsarmenverbände, die großentheils den jetzigen Landarmenverbänden entsprächen, würde ebensowenig Schwierigkeiten verursachen, wie die Bestimmung, daß die geschlossene Armenpflege, welche jetzt den Landarmenverbänden fakultativ übertragen ist oder zu deren Uebernahme sie befugt sind, direkt den Staatsarmenverbänden übertragen wird, und die Uebernahme eines Viertheils der durch die offene Armenpflege entstehenden Armenlasten würde einfach an Stelle der bisherigen arbiträren Beitragsleistung der Landarmenverbände zu treten haben. Als einzige Neuerung käme die Organisation des Versicherungsverbandes in Betracht; indessen würde sie keine nennenswertheren Schwierigkeiten als die von anderer Seite vorgeschlagenen größeren Verbandsorganisationen machen.

---

¹) Stadtsyndikus Besler in Oldenburg in: Osthoff, „die Armenarbeitshäuser" — Leipzig 1882 — Vorrede.